Amazon Echo Dot 2018

Das umfangreiche Amazon Echo Handbuch. Schritt für Schritt Anleitung für Anfänger und Fortgeschrittene.

Felix Gerens

Inhaltsverzeichnis

Der Amazon Echo Dot 1

Den Amazon Echo Dot einrichten...................................... 8

Den Amazon Echo Dot verbinden..................................... 14

Den Amazon Echo Dot zurücksetzen 22

Alexa 31

Alexa-Skills.. 35

Mehrere Alexa-Geräte verwenden.................................. 41

Anrufe, Nachrichten und Drop In 43

Häufig gestellte Fragen 49

Die Sprachbefehle 59

Der Amazon Echo Dot

Nun stellt sich am Anfang als aller Erstes die Frage, was der Amazon Echo Dot nun eigentlich überhaupt ist. Der Amazon Echo Dot ist er ein „Fast-Alleskönner". Der Amazon Echo Dot reagiert auf Sprache. Der Amazon Echo Dot kann Musik wiedergeben, er ist also ein Lautsprecher. Er kann auch Smart Home Geräte steuern, damit ist er ein Gerätemanager. Er kann Informationen liefern und sogar die Nachrichten lesen. Damit ist er ein Assistent. Er kann sogar den Wecker stellen. Damit ist er ein netter kleiner Helfer.

Den Amazon Echo Dot kann man dabei auf mehrere Weisen mit seinen Geräten, wie Lautsprecher und Kopfhörer, verbinden. Das geht über Bluetooth oder über ein 3,5 mm Stereokabel. Dann kann der Amazon Echo Dot Musik von verschiedenen Plattformen, darunter Amazon Music, Spotify und TunIn, abspielen. Das geht sogar über mehrere Echogeräte in mehreren Räumen zur gleichen Zeit.

Neben seiner Eignung als Lautsprecher bzw. Musikbringer kann man den Amazon Echo Dot auch für Anrufe und zum Versenden von Nachrichten benutzen. Man kann aber auch Lampen, Lichtschalter, den Thermostat und noch eine Menge mehr damit verbinden und dann steuern.

Der Amazon Echo Dot kann selbst bei lauter Musik noch die Sprachbefehle erkennen. Sogar bei der Anwesenheit von mehreren Amazon Echo Dots können diese unterscheiden, welcher dem Sprecher am nächsten ist und dementsprechend den Sprachbefehl auslösen. Nach dieser kurzen Beschreibung schauen wir einfach mal im Detail, was unser kleiner „Wunder-Dot" so alles kann und wie er das anstellt.

Technisch gesehen ist der Amazon Echo Dot nur ein kleines, unscheinbares Gerät. Er ist nur eine kleine Scheibe, nicht sehr groß und nicht sehr hoch. Diese kleine Scheibe hat ein paar Tasten und zwei Anschlüsse.

Der Echo Dot verfügt über Mikrofone. Diese kann man mit der Mikrofontaste einfach aus- oder anschalten. Ist das Mikrofon aus, dann leuchtet der Lichtring am Echo Dot rot. Jetzt kann der Echo Dot keine Sprachbefehle mehr erkennen. Hat man jedoch als Zubehör die Sprachfernbedienung gekauft, kann man ihn noch immer über diese steuern.

Der Lichtring am Echo Dot ist das wichtigste Instrument, um den Status des Dots zu erkennen. Ist das Licht blau und dreht sich, dann wird der Echo Dot gerade gestartet. Ist das Licht aus, dann befindet sich der Dot im aktiven Modus und wartet auf Sprachbefehle. Ist der Lichtring blau und zyanblau in der Richtung des Sprechers, dann versucht der Echo Dot gerade einen Sprachbefehl zu verstehen. Orangefarbenes Licht, das sich im Uhrzeigersinn dreht, zeigt an, dass der Echo Dot sich gerade mit einem WLAN-Netzwerk verbindet. Das rote Licht zeigt an, dass die Mikrofone abgeschaltet sind. Zeigt sich oszillierendes, violettes Licht, dann besteht ein Fehler in der Verbindung mit dem WLAN-Netzwerk. Pulsierendes, gelbes Licht zeigt an, dass eine Nachricht wartet. Pulsierendes, grünes Licht dagegen zeigt einen eingehenden Anruf an.

Die Lautstärketasten sind einfach dazu da, die Lautstärke einzustellen. Während des Einstellens wird der Lichtring weiß. Er zeigt dann die Lautstärke, die momentan eingestellt ist, an. Ein zunehmender Ring bedeutet eine höhere Lautstärke. Ein abnehmender Ring zeigt eine geringere Lautstärke an.

Die Aktionstaste zeigt nur einen weißen Punkt. Damit kann man den Timer bzw. den Wecker ausschalten. Ist das Gerät nicht aktiv, kann man es mit dieser Taste aufwecken. Außerdem gelangt man damit in das Menü, welches eine Verbindung zu einem WLAN herstellt.

Den Aux-Ausgang kann man verwenden, um den Amazon Echo Dot mit einem anderen Lautsprecher zu verbinden. Das geht aber nur in eine Richtung. Der Echo Dot kann so Musik oder einen Sound über das andere Gerät abspielen, selbst aber keine Musik bzw. keinen Sound von einem anderen Gerät hörbar machen. Der Lautsprecher sollte beim Abspielen mindestens einen Meter von dem Echo Dot entfernt stehen und natürlich eingeschaltet sein.

Der andere Anschluss ist ein Micro-USB. Dieser dient aber nur dem Laden des Amazon Echo Dots. Dazu wird ein Netzadapter mitgeliefert. Für das Laden sollte nur dieser Adapter verwendet werden, da andere Adapter unter Umständen nicht genug Strom liefern.

Der Amazon Echo Dot ist sehr schwer einzuordnen. Eigentlich ist er ein Lautsprecher und dort findet man ihn auch unter den Angeboten in diversen Onlineshops. Allerdings ist er jedoch weit mehr als ein Lautsprecher. Das liegt an dem Amazon Echo Dot selbst und an seiner maßgeblichen App, die auf den Namen Alexa hört.

Der Amazon Echo Dot verfügt über einen Lautsprecher, der ihn zum Spielen von Sound, inklusive natürlich Musik, befähigt. Das jedoch ist nicht der wichtigste Punkt, weswegen man den kleinen „Wunder-Do"t kauft. Der wichtigste Punkt sind seine 7 Mikrofone.

Die 7 Mikrofone ermöglichen es dem Amazon Echo Dot, jedes Wort aus jeder Richtung zu verstehen und darauf zu reagieren. Das funktioniert auch dann, wenn andere Geräusche zu hören sind oder wenn Musik läuft. Diese 7 Mikrofone befinden sich unter dem Lichtring. Warum sind es 7 Mikrofone und nicht nur eines? Die Antwort ist ESP.

Hinter dem Kürzel ESP verbirgt sich die Funktion, die sich Echo Spatial Perception nennt. Dabei geht es um die räumliche Erkennung der Sprache. Diese bringt dem Nutzer gleich zwei positive Eigenschaften. Als Erstes vermag der Amazon Echo Dot mit ESP, die Geräusche bzw. die spielende Musik von den Sprachbefehlen zu unterscheiden. Geräusche und Musik werden unterdrückt bzw. von der Wahrnehmung ausgeschlossen. Damit kann der Sprachbefehl zu Alexa auch dann durchdringen, wenn er nicht das einzige Geräusch ist. Zweitens erlaubt das ESP dem Amazon Echo Dot, festzustellen, wo sich der Sprecher in Relation zum Echo Dot befindet. Mitunter verwenden Nutzer mehr als nur einen Amazon Echo Dot. So kann sich zum Beispiel ein Echo Dot in jedem Raum befinden. Mit dem ESP und der Vernetzung kann der Echo Dot entscheiden, welcher der verschiedenen Dots dem Sprecher am nächsten ist. Dieser reagiert dann entsprechend auf den Sprachbefehl.

Alles zusammen die 7 Mikrofone und der Lautsprecher machen aus dem Amazon Echo Dot den perfekten Freund für daheim. Über die Spracherkennung kann man dem Amazon Echo Dot einfach auftragen, einen bestimmten Künstler oder Band bzw. einen bestimmten Musiktitel zu spielen. Das kann dann einfach so aussehen: „Alexa, spiele Katy Perry." Daraufhin wird Alexa über den Amazon Echo Dot entsprechende Titel von Katy Perry spielen.

Hier jedoch macht der Amazon Echo Dot und besonders Alexa nicht halt. Der Amazon Echo Dot ist ein kleines Gerät. Da liegt es in der Natur der Sache, dass die Klangqualität nicht unbedingt die beste ist. Sie ist ungefähr vergleichbar mit dem Sound, der aus dem Laptop kommt. Doch man muss sich nicht damit abfinden. Dank Bluetooth und dank einem Slot kann man seinen Amazon Echo Dot mit einem Lautsprecher oder einem Kopfhörer seiner Wahl verbinden. Damit kommt dann echter Genuss auf. Jetzt wird man sich aber bestimmt denken, wozu habe ich den Amazon Echo Dot mit Spracherkennung, wenn ich dann doch aufstehen und meinen Lautsprecher bzw. mein Soundsystem einschalten muss? Auch dafür gibt es eine Lösung.

Der Amazon Echo Dot kann mit verschiedenen Smart-Geräten verbunden werden. Dies geschieht auf unterschiedlichen Wegen. So kann man die Steckdosen mit verschiedenen Funktionen verbinden. Ein Smart Plug oder Smart Switch kann einfach in die Steckdose eingesteckt werden und funktioniert dann selbst als Steckdose. Diese wiederum kann über Alexa angesteuert werden. Sein Soundsystem oder jedes andere elektrische Gerät steckt man einfach in diesen Smart Plug oder Smart Switch. Das Gerät selbst schaltet man dabei ein. Über die Alexa kann man nun per Sprachbefehl den Smart Plug bzw. den Smart Switch einschalten. Dieser versorgt dann das Gerät mit Strom, welches sich nun auch einschaltet. Umgekehrt kann ein Sprachbefehl den Smart Plug oder den Smart Switch ausschalten, sodass dieser das Gerät vom Stromnetz trennt. Mit anderen Produkten geht dies auch über das WLAN.

Andere Geräte können sich wiederum selbst mit Alexa verbinden. Dazu gehört zum Beispiel die Türklingel oder ein Thermostat. Damit kann man dann per Sprachbefehl die Temperatur einstellen oder mit dem sprechen, der vor der Tür steht und Einlass begehrt.

Alexa kann mit kleinen Applets an die anderen Smart-Geräte angebunden werden. Dazu kommen IFTTT-Befehle. Dahinter verbirgt sich „If this, then that." Übersetzt bedeutet dies: „Wenn dies, dann das". Daraus ergeben sich Sprachbefehle wie: „Alexa, schalte meinen Ventilator ein!" Alexa wird dann das als Ventilator erkannte oder markierte Gerät ansteuern und einschalten.

Neben einfachen An- und Ausschaltbefehlen sind auch komplizierte Anwendungen durchführbar. So führt der Befehl: „Alexa, dimme das Wohnzimmerlicht," dazu, dass das Wohnzimmerlicht nicht ausgeschaltet, sondern nur in seiner Stärke reduziert wird.

Als ob das Steuern der Heimgeräte nicht genug ist, bringt der Amazon Echo Dot auch eine einfachere Form der Kommunikation. So kann man über ihn einfach einen Anruf tätigen. Der Sprachbefehl:

„Alexa, ruf Papa an", führt dann automatisch zu einem Telefonat mit dem Vater. So kann man jeden seiner Kontakte jederzeit einfach anrufen. Umgekehrt kann man auch so Telefonate entgegennehmen.

Damit aber nicht genug. Man kann so auch Nachrichten versenden. Die Nachricht diktiert man einfach dem Amazon Echo Dot. Der Sprachbefehl dazu sieht so aus: „Alexa, sende eine Nachricht an Mama!" Dann wird Mama automatisch die diktierte Nachricht erhalten.

Verfügt man über mehrere Echo Dots in verschiedenen Räumen, kann man einfach eine Verbindung von Raum zu Raum herstellen. Dazu verwendet man einfach den Drop-In-Befehl „Alexa, Drop-In der Küche," verbindet den Sprecher von dem Echo Dot in seinen Raum mit dem Echo Dot in der Küche. So braucht man nicht mehr von Raum zu Raum zu gehen oder laut zu schreien. Man kann einfach bequem von seinem Sessel oder seinem Bett aus mit der Person in der Küche sprechen.

Daneben gibt es aber noch eine Reihe weiterer Funktionen, die der Amazon Echo Dot bzw. seine App, Alexa, wahrnehmen kann. So ist die App MyTaxi verwendbar. Damit kann der Echo Dot sofort ein Taxi rufen. Man braucht nicht selbst anzurufen und kompliziert zu erklären, wo man sich befindet und wann man das Taxi braucht. Über Alexa und MyTaxi geschieht dies schnell und einfach.

Man kann einfach nach dem Wetter oder den Nachrichten fragen. Alexa wird über das Internet sofort die benötigten Informationen finden und sie mit dem Sprecher teilen. Dies geht übrigens auch mit den aktuellen Börsenkursen.

Man kann die Echo Dots in jedem Raum anbringen. Damit kann man dann in jedem Raum die Geräte entsprechend steuern. Gleichzeitig kommunizieren die Echo Dots untereinander als eine Einheit. Sie reagieren immer so, dass nur der Echo Dot den Sprachbefehl ausführt, der dem Sprecher am Nächsten ist. Gleichzeitig erlauben sie das Kommunizieren von Raum zu Raum über den Drop-In-Befehl.

Alexa ist das Gehirn des Amazon Echo Dots und Alexa hat eine weitere Eigenschaft, die man kaum sofort merken wird. Alexa lernt. Sie ist über die Cloud verbunden. Damit kann sie sich ständig updaten und neue Apps herunterladen. So erweitert Alexa ihre Fähigkeiten permanent.

Darüber hinaus lernt Alexa auch mit ihrem Nutzer. Jeder Sprachbefehl, jeder neue Wunsch bringt den Nutzer und Alexa ein Stück näher. Alexa wird mit der Zeit die Sprachbefehle immer besser verstehen, denn sie kann sich an die Sprechweise anpassen. Sie wird ihren Nutzer über die Zeit hinweg immer besser verstehen, denn man teilt ihr mit jedem Wunsch seine Präferenzen mit. Wer also immer nach Katy Perry fragt, wird ihre Musik bald automatisch angeboten bekommen.

Neben all diesen, an sich schon beeindruckenden Funktionen und Fähigkeiten, hat Alexa noch ihre Skills. Dahinter verbergen sich besondere Fertigkeiten, die Alexa noch viel wertvoller und teils auch ein wenig skurril machen. Damit kann man seine Fitness im Auge behalten, Pizza bestellen und noch vieles mehr.

Der Amazon Echo Dot ist, dank Alexa, damit ein echt smarter Helfer daheim. Dabei lernt er ständig dazu und kann sich mit den anderen Smart-Geräten verbinden. So wird, nach und nach, das alte und einfache Zuhause zu einem echten Smart-Home.

Den Amazon Echo Dot einrichten

Bevor man den Amazon Echo Dot einrichtet, sollte man ihn irgendwo aufstellen. Dazu nimmt man ihn erst einmal aus der Verpackung. In der Verpackung enthalten sind, neben dem Amazon Echo Dot selbst, ein Micro-USB-Kabel und ein Adapter. Zur Verbindung mit dem Stromnetz sollte man immer dieses Kabel und diesen Adapter verwenden. Andere Adapter haben möglicherweise nicht genug Leistung für den Amazon Echo Dot.

Der Amazon Echo Dot ist sehr klein. Daher ist es leicht, ihn überall unterzubringen bzw. aufzustellen. Dabei muss man aber darauf achten, dass er sich mindestens 20 cm von jeder Wand entfernt befindet. Auf diese Weise wird eine unerwünschte Echowirkung vermieden. Ebenfalls sollte der Amazon Echo Dot zentral aufgestellt sein. Es kann für ihn schwierig sein, einen Sprachbefehl zu erfassen, wenn er sich auf der anderen Seite des Raumes vom Sprecher aus gesehen befindet.

Den Amazon Echo Dot kann man zum Beispiel auf dem Wohnzimmertisch aufstellen. Ebenso ist der Nachttisch eine gute Idee. In der Küche kann man ihn auf der Theke oder auf dem Küchentisch einsetzen. Zentral ist wichtig, doch wenn man sich zum Beispiel in der Küche eher an der Theke aufhält und diese sich an einer Seite befindet, dann ist der Amazon Echo Dot dort am besten aufgehoben.

Der Amazon Echo Dot braucht eine Verbindung zu einem WLAN, bevor er das erste Mal verwendet werden kann. Dies ist besonders für Alexa und ihren Voice-Service wichtig. Für eine solche Verbindung braucht man entweder einen Mobilgerät oder einen Computer.

Alexa ist die App, die es dem Amazon Echo Dot erst erlaubt, alle seine Funktionen auszuführen. Sie ist als das Gehirn des Gerätes. Sie kann die Sprachbefehle verstehen und sie kann sie umsetzen. Daher ist es unumgänglich, diese App für den Amazon Echo Dot herunterzuladen, bevor man das Gerät verwenden kann.

Die Nutzer eines Mobilgerätes können die Alexa-App einfach in ihrem jeweiligen App-Store herunterladen. Die App funktioniert mit verschiedenen Betriebssystemen. Darunter befindet sich natürlich iOS, welches ab der Version 8.0 mit der App umgehen kann. Für Android braucht man die Version 4.4 oder höher und Fire OS kann die App ab der Version 3.0 verwenden.

Zum eigentlichen Herunterladen der Alexa-App ruft man einfach seinen App-Store auf. Dabei ist es egal, ob es sich um Google Play, den Apple-App-Store oder den Amazon-App-Store handelt. Alle haben die Alexa-App in ihrem kostenlosen Angebot.

Alternativ kann man seinen Computer mit einem WLAN verwenden. Dazu verwendet man einfach seinen Browser, um die App herunterzuladen. Dies geht mit Firefox, Chrome, Safari, Microsoft Edge oder dem Internet Explorer. Die App findet man auf dieser Seite: https://alexa.amazon.de.

Für das erste Einschalten des Amazon Echo Dots braucht dieser natürlich Energie in Form von Strom. Dazu verwendet man den mitgelieferten Adapter und das Micro-USB-Kabel. Den Adapter steckt man in eine Steckdose und verbindet ihn mittels des Kabels mit dem Amazon Echo Dot.

Ist der Amazon Echo Dot mit dem Stromnetz verbunden, schaltet sich der Lichtring ein. Zuerst zeigt er eine blaue Färbung. Nach einer Weile wird er orange. Wenn er orange ist, dann bedeutet das, dass sich das Gerät eingeschaltet hat. Alexa sollte sich jetzt zu Wort melden und ihren neuen Eigentümer begrüßen.

Hat das Gerät seine erste Begrüßung von sich gegeben, dann braucht es jetzt eine Verbindung zu einem WLAN. Nur so kann es die Sprachbefehle verstehen, Medien streamen und selbst etwas von sich geben. Die Verbindung kann nur zu einem Standard-WLAN hergestellt werden. Ad-hoc-Netzwerke, so wie Peer-to-Peer-Netzwerke, kann der Amazon Echo Dot nicht ansteuern.

Man muss gleichzeitig den Amazon Echo Dot und die Alexa-App, die man zuvor heruntergeladen hat, mit dem gleichen WLAN verbinden. Dazu beginnt man zuerst mit der Alexa-App. Diese startet man. Links gibt es einen Navigationsbereich. Dort wechselt man in die Einstellungen. Als Nächstes tippt oder klickt man, falls man einen Computer verwendet, auf „WLAN aktualisieren". Soll dem Konto ein neues Gerät hinzugefügt werden, wählt man „Ein neues Gerät einrichten", aus.

Jetzt wird es Zeit für den Amazon Echo Dot. Dort drückt man die Aktionstaste für fünf Sekunden. Der Lichtring ist Orange und versucht, eine Verbindung zum Mobilgerät herzustellen. Die App zeigt dabei eine Liste der verfügbaren WLAN-Netzwerke an. Es kann dabei sein, dass die Alexa-App nach einer manuellen Einstellung des WLAN zur Verbindung des Amazon Echo Dots mit dem Mobilgerät verlangt. Dem kommt man dann einfach am besten nach und stellt die Verbindung manuell nach den Anweisungen der App her.

Auf der Liste der verfügbaren WLAN-Netzwerke sucht man das Richtige aus und gibt das Passwort ein, sofern eines vorhanden ist. Sollte nicht das richtige WLAN angezeigt werden, muss man herunterscrollen und dort auf „Netzwerk hinzufügen" oder „Erneut versuchen" klicken bzw. tippen.

Wenn man möchte, kann man das Passwort für das WLAN auf Amazon speichern. Dann kann jedes neue Alexa-Gerät mit diesem Passwort und diesem Netzwerk eine Verbindung herstellen.

Als letzten Schritt wählt man „Verbinden" aus und schon stellt das Gerät eine Verbindung mit dem WLAN her. Die App zeigt eine Meldung zur Bestätigung an. Jetzt kann man Alexa auf dem Amazon Echo Dot verwenden.

Sollte es vorkommen, dass wider Erwarten keine Verbindung zum WLAN hergestellt wird, dann kann dies an mehreren Ursachen liegen. Als Erstes sollte man sichergehen, dass man das richtige Netzwerkpasswort verwendet hat. Ein Blick auf das Symbol des Netzwerkes ist ebenfalls hilfreich. Zeigt dieses ein Schloss, dann braucht man unbedingt ein Passwort. Das Passwort, das man braucht, ist das Passwort für das WLAN. Es entspricht nicht dem Passwort für das Amazon-Konto. Man muss also die Einstellungen des WLAN bezüglich des Passwortes kennen.

Sollte sich trotz der Verwendung des richtigen Passwortes keine Verbindung herstellen lassen, dann sollte man versuchen, ein anderes Gerät, zum Beispiel ein Smartphone oder ein Tablet, mit diesem Netzwerk zu verbinden. Sollte keine Verbindung zustande kommen, dann liegt dies an dem Netzwerk. Hier sollte man sich an den Administrator wenden oder an denjenigen, der das Netzwerk eingerichtet hat.

Ein Update der Firmware des Routers bzw. Modems kann ebenfalls geboten sein. Ebenso kann es sein, dass man sein WLAN-Passwort auf Amazon gespeichert hat, aber nach der Speicherung geändert hat. Hier sollte man einfach das neue Passwort eingeben und speichern.

Manchmal kann es auch an den Sicherheitseinstellungen des Routers liegen, dass keine Verbindung hergestellt werden kann. Verwendet dieser sowohl WPA als auch WPA2 für seine Sicherheitseinstellungen, dann sind solche Probleme vorprogrammiert. Hier sollte man die Einstellung auf WPA oder WPA2, nicht *und*, festlegen.

Sind zu viele Geräte an ein WLAN angeschlossen, kann es zu einer schwankenden Leistung kommen. Daher sollte man nicht verwendete Geräte einfach abschalten. Ebenfalls sollte man darauf achten, dass der Router oder das Modem nicht durch andere Gegenstände abgeschirmt ist. Ebenfalls sollten Störquellen, wie Funkgeräte, Babyfon oder Mikrowellenherde nicht in der Nähe des Gerätes aufgebaut sein.

Sollte es weiterhin zu keiner Verbindung kommen oder die Verbindung immer wieder gestört sein, dann sollte man den Amazon Echo Dot oder das Modem bzw. den Router neu starten. Bei einem Neustart des Routers bzw. Modems sollte man dieses Gerät ausschalten und dann für ungefähr 30 Sekunden ausgeschaltet lassen. Danach kann man es wieder einschalten. Den Amazon Echo Dot sollte man drei Sekunden lang von seinem Netzteil trennen, dann kann man ihn wieder verbinden. Nach dem Neustart versucht man einfach erneut, eine Verbindung zum WLAN herzustellen.

Sollte es nach diesen Versuchen noch immer nicht möglich sein, eine Verbindung zum WLAN herzustellen, dann sollte man den Amazon Echo Dot zurücksetzen. Wie das geschieht, das wird in einem eigenen Kapitel beschrieben. Nach dem Zurücksetzen startet man die Prozedur zum Verbinden mit dem WLAN erneut.

Ist eine Verbindung mit dem WLAN hergestellt, dann wird es Zeit, mit Alexa zu sprechen. Dazu verwendet man einfach das Aktivierungswort „Alexa". Damit erkennt der Amazon Echo Dot, dass er gemeint ist und dass ein Sprachbefehl folgt. Natürlich kann man das Aktivierungswort auch ändern, sofern man dies wünscht.

Zum Ändern des Aktivierungswortes geht man einfach in das Einstellungsmenü der Alexa-App auf dem Mobilgerät oder auf dem Computer. Dort geht man auf den Punkt „Aktivierungswort". Sofort klappt ein Drop-Down-Menü aus. Dort befinden sich eine Reihe von Aktivierungswörtern zur Auswahl. Man sucht sich einfach das Wort aus, welches am meisten gefällt. Darauf tippt man oder man klickt es an und schon hat man ein neues Aktivierungswort für seine Alexa.

Der Amazon Echo Dot zeigt das erfolgreiche Ändern des Passwortes an. Dazu blinkt sein Lichtring einmal kurz in Orange. Schon ist er wieder bereit, den Sprachbefehlen, dieses Mal mit dem neuen Aktivierungswort, zu folgen.

Jetzt kann man seinen Amazon Echo Dot einfach so mit seinen verschiedenen Funktionen und Erweiterungen verwenden. Wer möchte, kann ihn auch mit anderen Geräten verbinden. Mehr dazu im nächsten Kapitel.

Den Amazon Echo Dot verbinden

Den Amazon Echo Dot kann man mit verschiedenen Geräten und Netzwerken verbinden. Daraus ergibt sich eine unglaubliche Vielseitigkeit des Gerätes. Das beginnt mit einer Verbesserung des Klanges durch den Anschluss eines Lautsprechers und geht bis zur Kommunikation mit einem Mobilgerät über einen mobilen Hotspot.

<u>Eine Bluetooth-Verbindung zu einem externen Lautsprecher</u>

Die einfachste Möglichkeit, den Amazon Echo Dot mit einem anderen Gerät zu verbinden, ist ein Lautsprecher. Zwar ist der Amazon Echo Dot selbst ein Lautsprecher, doch bedingt durch seine Größe macht es Sinn, ihn seine Musik über einen größeren Lautsprecher mit einem besseren Klang abspielen zu lassen.

Die einfachste Verbindung mit einem Lautsprecher geschieht über Bluetooth. Der Amazon Echo Dot kann so die Musik streamen und der Bluetooth-Lautsprecher gibt sie wieder. Dabei muss man jedoch darauf achten, dass ein gewisser Abstand zwischen dem Bluetooth-Lautsprecher und dem Amazon Echo Dot gegeben ist. Dieser beträgt mindestens einen Meter. Nur so kann Alexa auch weiterhin das Aktivierungswort und weitere Sprachbefehle verstehen.

Während der Amazon Echo Dot mit einem Bluetoothgerät verbunden ist, kann er nicht mit einem zweiten Gerät verbunden sein. Sollte also schon eine Bluetooth-Verbindung zu einem anderen Gerät bestehen, muss diese erst getrennt werden, bevor eine Verbindung mit dem Lautsprecher hergestellt werden kann.

Die Verbindung zwischen dem Amazon Echo Dot und dem Bluetooth-Lautsprecher wird über die Alexa-App auf dem Mobilgerät oder dem Computer hergestellt. Dazu schaltet man den Lautsprecher ein und versetzt ihn in den Pairing-Modus. Im Zweifelsfall konsultiert man dazu das Benutzerhandbuch des Bluetooth-Lautsprechers.

Als Nächstes öffnet man die Alexa-App auf seinem Mobilgerät oder seinem Computer. Dort schaltet man seinen Amazon Echo Dot auf Bluetooth und wählt „Ein neues Gerät pairen" aus. Der Echo Dot wird jetzt den Bluetooth-Lautsprecher erkennen. Das sieht man daran, dass er in der Liste der verfügbaren Geräte angezeigt wird. Jetzt muss man nur noch diesen Lautsprecher auswählen und sofort stellt Alexa eine Verbindung zwischen ihm und dem Amazon Echo Dot her. Ist das Pairing erfolgreich, dann benutzt man den „Weiter"-Button. Jetzt wird der Lautsprecher an den Amazon Echo Dot gekoppelt. Später kann man im gleichen Menü den Button „Trennen" dazu benutzen, um den Bluetooth-Lautsprecher wieder vom Amazon Echo Dot zu entkoppeln.

Ist der Bluetooth-Lautsprecher an den Amazon Echo Dot gekoppelt, kann man seine Lautstärke auf verschiedenen Wegen regulieren. Als Erstes kann man die Regler des Lautsprechers selbst verwenden. Dazu ist auch eine Einstellung über die Lautstärketasten des Amazon Echo Dots möglich. Als sprachbasiertes Gerät kann man die Lautstärke über den Amazon Echo Dot aber auch per Sprachbefehle einstellen. So muss man sich nicht erst erheben oder zum Gerät hingehen.

Hat man den Lautsprecher bereits einmal mit dem Amazon Echo Dot gekoppelt, braucht man auch nach dem Entkoppeln kein erneutes Pairing. Man nutzt einfach den Befehl „Alexa, verbinden" und schon stellt der Amazon Echo Dot eine Verbindung zum letzten angeschlossenen Bluetooth-Lautsprecher her.

Sind mehrere Bluetooth-Lautsprecher mit dem Amazon Echo Dot verbunden gewesen, kann man die Geräte über die Einstellungen verwalten. Dazu geht man einfach nur mit dem Button „Einstellungen" in das Menü, wählt den Namen des Amazon Echo Dots und anschließend „Bluetooth" aus.

Manchmal kann es vorkommen, dass sich der Amazon Echo Dot nicht mit dem externen Lautsprecher verbindet. Dann gibt es noch immer ein paar Möglichkeiten, den Fehler zu beheben. Der Erste und Einfachste wäre, einfach den Amazon Echo Dot per Kabel mit dem Lautsprecher zu verbinden. Dabei sollte auch nicht vergessen werden, dass der Amazon Echo Dot nur über den anderen Lautsprecher abspielt, selbst aber nicht für den anderen Lautsprecher abspielen kann.

Manche Bluetooth-Lautsprecher brauchen einen PIN für das Pairing. Diese Lautsprecher werden nicht vom Amazon Echo Dot unterstützt. Hier kann also keine Audiowiedergabe stattfinden.

Verlangt der Bluetooth-Lautsprecher jedoch nicht nach einem PIN, dann sollte man herausfinden, wo der Fehler liegen kann. Als Erstes nimmt man ein anderes Gerät, zum Beispiel ein Smartphone und verbindet dieses mit dem Lautsprecher. Gelingt dieser Versuch, dann versucht man es erneut mit dem Amazon Echo Dot.

Manchmal ist der Lautsprecher einfach nur schon mit einem anderen Gerät verbunden. Vielleicht läuft der Computer und steuert den Lautsprecher über Bluetooth an. Dieser kann jedoch nur mit einem Gerät verbunden sein. Daher checkt man seine Geräte, Computer, Smartphone und Tablets, ob diese bereits eine Verbindung zu dem Lautsprecher aufgebaut haben.

Hat kein anderes Gerät eine aktive Verbindung zum Lautsprecher, dann lohnt sich auch ein Blick auf dessen Batteriezustand. Manchmal hat der Lautsprecher einfach nur keinen Strom. Ist auch das negativ, also verfügt der Lautsprecher über genügend Batteriestrom oder ist er mit dem Stromnetz verbunden, gilt es, nach anderen Störquellen zu schauen. Der Bluetooth-Lautsprecher und der Amazon Echo Dot sollten von Mikrowellenherden und anderen drahtlosen Geräten, darunter auch Babyfons, entfernt stehen.

Ein weiterer Versuch führt über die Alexa-App. In dieser geht man wieder in das Menü für die Einstellungen und wählt den Namen des Amazon Echo Dots und danach den Button „Bluetooth" aus. Hier wählt man dann den Bluetooth-Lautsprecher und danach den Button „Gerät entfernen". Der Lautsprecher wird jetzt von dem Amazon Echo Dot getrennt und aus der Liste gelöscht. Danach beginnt man erneut damit, den Amazon Echo Dot mit dem Bluetooth-Lautsprecher zu verbinden. Man geht zuerst in den Pairing-Modus und lässt ihn den Lautsprecher finden. Danach koppelt man beide Geräte.

Die Alternative, eine Verbindung über das Audiokabel, geht einfach von Stecker zu Stecker. Dabei kann es jedoch sein, dass ältere Soundsysteme einen Adapter brauchen.

Bluetooth-Tipps

Bluetooth ist eine sehr einfache Verbindung, insbesondere weil sie ohne ein Kabel auskommt. Dennoch sind Bluetooth-Verbindungen nicht immer frei von Problemen. Daher gibt es hier ein paar einfache Tipps, wie man solche Probleme in den Griff bekommt.

Als Erstes sollte man die hier beschriebenen Aktionen nicht auf andere Alexa-Geräte übertragen. Nicht alle von ihnen unterstützen Bluetooth. Nur der Amazon Echo, der Amazon Echo Dot, der Amazon Echo Show und der Amazon Echo Plus verfügen über eine Bluetooth-Funktion.

Es sollte immer sichergestellt werden, dass die Batterien des Bluetooth-Gerätes neu bzw. geladen sind. Ist das nicht der Fall, dann muss man sie entweder austauschen oder erst einmal aufladen.

Mikrowellenherde, Funkgeräte, Babyfon und andere, drahtlose Geräte können die Verbindung über Bluetooth stören. Daher sollte man seine Bluetooth-Geräte immer mit ein wenig Abstand von diesen Störquellen aufstellen.

Bluetooth ist bequem, doch diese Verbindung ist in ihrer Reichweite eng begrenzt. Daher sollten Geräte, die mit dem Amazon Echo Dot verbunden werden sollen, sich auch in der Nähe des Echo Dots befinden. Wände oder andere Geräte, die sich zwischen dem Amazon Echo Dot und dem Bluetooth-Gerät befinden, können die Verbindung unterbrechen. Daher sollte eine direkte Sichtverbindung, ohne Hindernisse, zwischen beiden Geräten bestehen.

Im Zweifelsfall sollte man alle Bluetooth-Geräte in der Alexa-App entfernen. Danach startet man den Amazon Echo Dot und das andere Gerät neu. Jetzt sollte sich in jedem Fall eine Verbindung herstellen lassen.

Einen Lautsprecher über den Audioausgang verbinden

Für eine einwandfreie Verbindung kann man den Amazon Echo Dot auch über seinen Audioausgang mit einem externen Lautsprecher verbinden. Dazu benötigt man ein Audiokabel. Dieses ist nicht in dem Lieferumfang des Amazon Echo Dots enthalten.

Als Kabel sollte man ein 3,5 mm Audiokabel verwenden. Dieses eignet sich für eine Verbindung zwischen dem externen Lautsprecher und dem Amazon Echo Dot, sowie dem Echo Plus und dem Echo der 2. Generation.

Um eine Verbindung mit dem Audiokabel herzustellen, fängt man damit an, den Amazon Echo Dot und den externen Lautsprecher zueinander so aufzustellen, dass sie mindestens einen Meter voneinander entfernt sind, sich aber noch immer in Reichweite des Kabels befinden. Dann schaltet man den externen Lautsprecher ein. Als Nächstes steckt man das Audiokabel zuerst in den Lautsprecher und danach in den Amazon Echo Dot. Sofort wird der Sound über den externen Lautsprecher übertragen. Es sei hier aber noch einmal daran erinnert, dass der Amazon Echo Dot nur seinen Sound über den externen Lautsprecher ausgeben kann, nicht jedoch umgedreht.

Ein Mobilgerät mit dem Amazon Echo Dot verbinden

Der Amazon Echo Dot kann Audiosignale von einem Mobilgerät, einem Smartphone bzw. einem Tablet empfangen und streamen. Dazu muss das Mobilgerät über ein Bluetooth-Profil verfügen, dass der Amazon Echo Dot erkennen kann.

Eine Verbindung zwischen dem Mobilgerät und dem Amazon Echo Dot dient nur dem Streamen von Audiosignalen. Der Echo Dot empfängt keine Anrufe von dem Mobilgerät und liest keine Nachrichten.

Der Amazon Echo Dot kann nur eine Bluetooth-Verbindung unterstützen. Daher sollte man zuerst überprüfen, ob er nicht schon mit einem anderen Gerät verbunden ist. Ist das der Fall, dann muss man diese Verbindung trennen.

Für eine Verbindung muss das Mobilgerät eingeschaltet sein und sich im Pairing-Modus befinden. Weiterhin sollte es sich in der Nähe des Amazon Echo Dots befinden. Jetzt geht man in die Alexa-App. Dort wechselt man in das Menü für die Einstellungen. In diesem Menü wählt man zuerst den Button „Bluetooth" und danach den Button „Ein neues Gerät koppeln" aus. Der Echo Dot wechselt nun in den Kopplungsmodus.

Als Nächstes nimmt man sich das Mobilgerät. Dort wechselt man ebenfalls in die Bluetooth-Einstellungen. Dort sollte der Amazon Echo Dot in der Liste erscheinen. Das kann jedoch einige Sekunden dauern, je nachdem, wie gut die Verbindung und wie stark das Signal ist. Ist der Amazon Echo Dot in der Liste aufgetaucht, wählt man ihn aus. Alexa wird jetzt eine Verbindung herstellen und es dann über die Sprachausgabe mitteilen, dass die Verbindung steht.

Ist die Verbindung erfolgreich aufgebaut und will man sie später wieder trennen, sagt man einfach nur: „Alexa, trennen." Dann trennt Alexa die Verbindung zwischen dem Amazon Echo Dot und dem Mobilgerät.

Soll später eine neue Verbindung mit dem gleichen Gerät hergestellt werden, braucht man nur zwei kurze Schritte, um dies zu erreichen. Als Erstes aktiviert man das Bluetooth auf dem Mobilgerät. Dann sagt man einfach nur: „Alexa, verbinden." Als Nächstes verbindet Alexa den Amazon Echo Dot mit dem Mobilgerät. Sollten mehrere Verbindungen von mehreren Geräten zuvor mit dem Amazon Echo Dot aufgebaut worden sein, wird der Echo Dot automatisch die letzte Verbindung auswählen.

Eine Verbindung mit einem WLAN-Hotspot herstellen

Wenn man sich nicht innerhalb der Reichweite seines Heim-WLANs befindet, kann man den Amazon Echo Dot auch über einen WLAN-Hotspot auf einem Mobilgerät verbinden. Dazu muss man jedoch über ein unterstütztes Gerät verfügen und die Software auf dem Amazon Echo Dot muss sich auf dem neuesten Stand befinden. Weiterhin braucht man einen Mobilfunkvertrag, der WLAN-Hotspots unterstützt.

Beim ersten Einrichten des Amazon Echo Dots kann es sein, dass die Option zur Verbindung mit einem mobilen Hotspot nicht verfügbar ist. Das liegt daran, dass eine solche Verbindung nicht von Haus aus vorgesehen ist. Man braucht zuerst ein aktuelles Update der Software, damit eine solche Verbindung möglich ist. Um dieses Update herunterzuladen, benötigt man eine Verbindung zu einem privaten WLAN.

Um eine Verbindung zwischen dem Amazon Echo Dot und einem WLAN-Hotspot herzustellen, nimmt man sich zuerst das mobile Gerät, dessen Hotspot man verwenden will. Dort aktiviert man den Hotspot und kopiert gleichzeitig den Namen des Netzwerkes und das Passwort, das für den Hotspot verwendet wird.

Als Nächstes geht man in der Alexa-App in das Menü für die Einstellungen. Dort wählt man den Amazon Echo Dot und dann den Button „WLAN aktualisieren" aus. Als Nächstes drückt man auf dem Amazon Echo Dot die „Aktion"-Taste und hält diese gedrückt, bis der Lichtring orange ist. Das Mobilgerät verbindet sich nun mit dem Echo Dot. In der Alexa-App bekommt man nun eine Liste der verfügbaren WLAN-Netzwerke.

In der Liste wählt man das Netzwerk mit dem Namen des Hotspots. Dann versucht Alexa, eine Verbindung zwischen dem Amazon Echo Dot und dem Netzwerk herzustellen. Dazu muss man aber auch das richtige Passwort des WLAN-Hotspots eingeben. Sobald die Verbindung erfolgreich hergestellt wurde, wird Alexa dies über die Sprachausgabe verkünden.

Ist die WLAN-Verbindung über den Hotspot hergestellt, nutzt der Amazon Echo Dot nun diese Verbindung. Das bedeutet auch, dass dadurch zusätzliche Kosten bzw. ein erhöhter Datenverbrauch anfällt.

Den Amazon Echo Dot zurücksetzen

Es gibt zwei Gelegenheiten, bei denen man den Amazon Echo Dot zurücksetzen möchte. Das eine ist, wenn man ihn jemand anderen überlassen will. Dann soll der andere nicht mit einem Echo Dot arbeiten, der an den Voreigner gewöhnt ist. Der zweite Anlass ist, wenn der Amazon Echo Dot nicht richtig arbeitet. Für den letzteren Fall haben wir hier auch noch ein paar Tipps zusammengetragen, wie man in einem solchen Fall das Problem erkennen und beheben kann. Diese Tricks befinden sich in den nachfolgenden Punkten nach dem eigentlichen Zurücksetzen des Amazon Echo Dots.

Den Amazon Echo Dot zurücksetzen

Bevor man mit der Prozedur des Zurücksetzens beginnt, muss man sich über einige Dinge im Klaren sein. Nach dem Zurücksetzen sind alle Einstellungen verloren. Das Gerät muss nicht nur wieder neu eingestellt werden, es muss sich auch erst wieder an den Benutzer gewöhnen. Weiterhin muss man sich damit erneut bei seinem Amazon-Konto anmelden.

Sollte ein Problem der Anlass für das Zurücksetzen sein, ist es besser, zuerst einen Neustart zu versuchen. Dieser kann bereits das Problem beheben, ohne dass man alle Einstellungen erneut vornehmen muss. Für einen Neustart zieht man entweder das Kabel aus der Rückseite des Amazon Echo Dots oder man zieht den Adapter aus der Steckdose. Danach steckt man das Kabel bzw. den Adapter einfach wieder ein.

Für das eigentliche Zurücksetzen bleiben das Kabel und der Adapter eingesteckt. Hier drückt man die „Mikrofon aus"- und die „Lautstärke leiser"-Taste zur gleichen Zeit, sodass sich der Lichtring orange färbt. Jetzt hält man die beiden Tasten gleichzeitig für ungefähr 20 Sekunden gedrückt. Der Lichtring wird nach dem Loslassen blau. Anschließend wartet man ein wenig, bis sich der Lichtring einmal komplett aus- und dann wieder einschaltet. Dann wird der Lichtring wieder orange und der Amazon Echo Dot befindet sich wieder im Einrichtungsmodus.

Für das Einrichten öffnet man wieder die Alexa-App, um eine Verbindung zum WLAN aufzubauen und den Amazon Echo Dot wieder auf dem Amazon-Konto anzumelden. Danach folgt man der Anleitung zur Einrichtung des Amazon Echo Dots, die in einem eigenen Kapitel bereits erläutert wurde. Nachfolgend werden einige Wege beschrieben, wie man auf bestimmte Probleme reagiert, ohne dafür den Amazon Echo Dot zurücksetzen zu müssen.

Was tun, wenn sich der Amazon Echo Dot nicht einschaltet oder nicht reagiert?

Es kann immer einmal vorkommen, dass der Amazon Echo Dot sich nicht einschaltet oder nicht auf den Sprecher reagiert. In einem solchen Fall gibt es einige Maßnahmen, die man durchführen kann.

Als Erstes sollte man sichergehen, dass der Amazon Echo Dot über genügend Energie verfügt. Dazu verwendet man den mitgelieferten Adapter für 9W und das ebenfalls mitgelieferte Kabel. Andere Ladegeräte, insbesondere für Mobiltelefone, liefern oftmals nicht genügend Strom. Verwendet man ein solches Ladegerät, kann sich der Amazon Echo Dot nicht einschalten und nicht normal funktionieren.

Sollte der Amazon Echo Dot auch bei Verwendung des mitgelieferten Adapters und Kabels nicht reagieren, drückt man auf die Aktionstaste. Dann kann man sehen, ob er nur nicht auf die Sprache oder insgesamt nicht reagiert.

Sollte ein Lautsprecher angeschlossen sein, sei es per Bluetooth oder per Audiokabel, sollte man sichergehen, dass sich eine genügend große Entfernung zwischen beiden Geräten befindet. Der Mindestabstand ist ein Meter, doch es werden drei Meter als Abstand empfohlen. So ist es dem Echo Dot möglich, sein Aktivierungswort und den Sprachbefehl besser zu verstehen.

Weiterhin sollte sichergestellt sein, dass sich der Amazon Echo Dot mindestens 20 cm von Wänden oder anderen Objekten entfernt befindet. So verhindert man Verzerrungen bzw. störende Echoeffekte. Ebenfalls sollte darauf geachtet werden, dass keine störenden Hintergrundgeräusche während des Sprechens auftreten. Zu guter Letzt sollte man auf eine normale und deutliche Aussprache achten.

Was tun, wenn Alexa die Sprachbefehle nicht versteht?

Natürlich kann es auch mal vorkommen, dass Alexa die Sprachbefehle nicht versteht. Das kann an der Umgebung, an dem Sprecher oder an anderen Umständen liegen. Hier gibt es ein paar Tipps, was man tun kann, um das Verstehen der Sprachbefehle zu optimieren.

Als Erstes muss sichergestellt sein, dass Alexa über eine aktive WLAN-Verbindung verfügt. Nur über diese aktive Verbindung kann Musik oder anderes Material aus der Cloud gestreamt werden. Ebenfalls kann ohne eine aktive Verbindung keine Frage beantwortet und kein Befehl befolgt werden. Kurz, kein WLAN, keine Alexa. Daher sollte man, wenn Alexa nicht reagiert, immer zuerst checken, ob eine WLAN-Verbindung besteht und aktiv ist.

Eine falsche oder unvorteilhafte Platzierung kann die Arbeit von Alexa beeinträchtigen. Dazu gehört zum Beispiel, dass man den Amazon Echo Dot nicht direkt neben eine Wand oder ein anderes Objekt stellt. Man muss einen Abstand von mindestens 20 cm einhalten. Ebenso sollte Alexa bzw. der Amazon Echo Dot sich nicht auf dem Boden befinden. Auch dies macht die Aufnahme bzw. das Verstehen von Sprachbefehlen schwerer. Daher gehört der Amazon Echo Dot auf eine normale, mittlere Höhe, wie zum Beispiel auf einen Tisch oder einen Schrank.

Einige andere Geräte können die Benutzung des Amazon Echo Dots stören. Dazu zählt die Mikrowelle, ein Babyfon oder ein anderes Funkgerät. Ebenso kann ein Lautsprecher störend sein. Von diesem sollte man Alexa mindestens einen Meter, idealerweise jedoch drei Meter entfernt aufstellen.

Wenn man mit Alexa spricht, sollte dies nicht gerade während der stärksten Hintergrundgeräusche sein. Diese können die Anfrage oder den Sprachbefehl verzerren oder ein Verständnis unmöglich machen.

Ebenso sollte man die Anfrage präzise formulieren. Im Zweifelsfall wiederholt man die Anfrage. Eine andere Formulierung kann auch helfen.

Während man einen Sprachbefehl gibt, sollte man sich um eine deutliche und natürliche Aussprache bemühen. Alexa lernt über die Zeit, sich auf die Spracheigenschaften des Sprechers einzustellen. Daher kann der Beginn etwas holprig sein, doch das bessert sich nach und nach.

Die Alexa-App kann anzeigen, was Alexa wirklich gehört und verstanden hat. Schaut man hier nach, kann man seine Frage entsprechend formulieren, um sie besser verständlich zu machen. Auch kann ein Feedback, welches man auf der App hinterlässt, zu einem Update führen, welches die Spracherkennung verbessert.

Was tun, wenn die Alexa-App nicht funktioniert?

Die Alexa-App kann einen Fehler auf zwei Arten aufweisen. Erstens kann sie sich einfach nicht öffnen lassen oder zweitens kann eine Fehlermeldung kommen, die besagt, dass die App offline ist. Für einen solchen Fall gibt es auch ein paar Tipps, wie man damit umgehen kann.

Als Erstes sollte man sichergehen, dass das eigene Mobilgerät die Anforderungen der App erfüllt. Für ein iOS bedeutet dies, dass man die Version 8.0 oder höher benutzt. Für Android braucht man mindestens die Version 4.4. Für das Fire OS benötigt man die Version 3.0 oder höher. Verwendet man einen Computer, dann sollte man einen der folgenden Browser verwenden: Chrome, Firefox, Internet Explorer 10 oder höher, Safari, Microsoft Edge. Verfügt man über die richtige Version, dann gibt es, je nach System, weitere Möglichkeiten.

Für ein iOS:

Verwendet man ein iPhone, iPad oder iPod touch, dann startet man das Gerät am besten neu. Dazu drückt und hält man die Taste „Ein / Ausschalten und Schlafmodus" an dem Gerät, bis ein Schieber auf dem Bildschirm zu sehen ist. Den Schieber bewegt man mit dem Finger über den Bildschirm, um das Gerät auszuschalten. Ist das Gerät heruntergefahren und der Bildschirm schwarz, dann drückt man erneut die Taste „Ein / Ausschalten und Schlafmodus", um das Gerät neu zu starten. Das Problem sollte dann behoben sein.

Für Android:

Verwendet man Android, dann kann man das Programm zu einem Stopp zwingen. Dazu drückt man die Taste „Startseite" zweimal. Dies öffnet ein Menü, in welchem die zuletzt verwendeten Apps angezeigt werden. Man scrollt durch die Liste, bis man die Alexa-App findet. Diese nimmt man und streicht sie zur Seite oder nach oben, bis sie geschlossen ist. Danach startet man die App erneut.

Sollte das Problem auf dem Android auch nach einem erzwungenen Stopp und anschließendem Neustart nicht behoben sein, muss man die Alexa-App erneut installieren. Dazu geht man in das Menü für die Einstellungen und wählt den Button „Apps" aus. Dort wählt man die Alexa-App aus. In dem Bildschirm der App wählt man „Deinstallieren". Die Deinstallation wird einige Sekunden brauchen.

Danach findet man sich in der Liste der verfügbaren Apps wieder und die Alexa-App wird nicht mehr angezeigt. Als nächsten Schritt geht man zu seinem App-Store und lädt die Alexa-App erneut herunter.

Sollte das Problem erneut auftauchen, dann ist das Gerät neu zu starten. Dafür drückt und hält man die „Ein / Aus"-Taste, bis die Option „Ausschalten" auftaucht. Diese wählt man aus und das Gerät schaltet sich aus. Wenn es ausgeschaltet und der Bildschirm komplett schwarz ist, verwendet man die gleiche Taste, um das Gerät erneut zu starten.

Als nächsten Schritt, sollte das Problem noch immer nicht behoben sein, geht man einfach in das App-Menü und wählt die Alexa-App aus. Dort wählt man den Button „Daten löschen" und nach erfolgter Löschung den Button „Stopp erzwingen" aus. Danach kann man einen neuen Versuch wagen, die Alexa-App zu starten.

War auch der letzte, erzwungene Stopp keine Hilfe, dann sollte man erneut die Alexa-App wie bereits beschrieben deinstallieren und erneut installieren. Als komplette Neuinstallation ohne irgendwelche alten Daten und mit einem kompatiblen Gerät sollte das Problem spätestens jetzt behoben sein.

Für Fire OS

Die Problembehebung für das Fire OS beginnt mit einem Neustart des Gerätes. Dazu drückt man einfach die „Ein / Aus"-Taste und hält diese gedrückt. Die Option zum Ausschalten des Gerätes wird angezeigt. Diese wählt man aus. Ist das Gerät komplett ausgeschaltet und der Bildschirm komplett schwarz, dann drückt man erneut die gleiche Taste, um das Gerät wieder zu starten.

Sollte ein Neustart nicht zu einem Erfolg führen, kann man es mit einem erzwungenen Stopp versuchen. Dazu geht man auf die Startseite des OS-Gerätes. Dort fährt man mit dem Finger von oben nach unten über den Bildschirm, um in das Menü mit den Schnelleinstellungen zu gelangen. Dort tippt man auf „Einstellungen" oder auf „Mehr" und danach auf „Anwendungen" oder „Apps & Spiele". Im nächsten Fenster wählt man „Alle Anwendungen verwalten" oder „Installierte Anwendungen" aus. Es öffnet sich ein Fenster mit der Liste aller installierten Apps. In dieser Liste wählt man die Alexa-App und danach „Daten löschen" aus. Sind die Daten gelöscht, tippt man auf „Stopp erzwingen". Danach kann man es erneut versuchen, die Alexa-App zu starten.

Sollte die Alexa-App noch immer nicht funktionieren, dann sollte man sie deinstallieren und erneut installieren. Dazu geht man in das Menü für die Apps auf dem Gerät. Dort wählt man die Alexa-App. In dem Fenster, das sich nun öffnet, wählt man den Button „Deinstallieren". Danach geht man in die App-Bibliothek und lädt die App erneut herunter und installiert sie.

Für den Webbrowser

Sollte die Alexa-App über den Browser auf einem Computer laufen, lädt man am besten die Webseite neu. Zeigt dies keinen Erfolg, dann löscht man den Cache und die Cookies aus dem Browser. Vorsicht, dieser Schritt löscht auch alle Einstellungen der Webseiten, wie zum Beispiel gespeicherte Benutzernamen und deren zugehörige Passwörter. Danach schließt man den Webbrowser und startet ihn erneut. Das Problem sollte nun behoben sein.

Was tun, wenn Alexa Smart Home Geräte nicht erkennt?

Wie schon beschrieben, kann Alexa auch die Smart-Home-Geräte steuern. Manchmal jedoch kann es vorkommen, dass ein solches Smart-Home-Gerät oder mehrere Geräte nicht erkannt werden. Aber auch hier gibt es ein paar einfach Schritte, wie dieses Problem behoben werden kann.

Als Erstes sollte man sichergehen, dass die Smart-Home-Geräte auch mit dem Amazon Echo Dot bzw. mit der Alexa-App kompatibel sind. Dies kann man auf den Seiten der entsprechenden Smart-Home-Geräte bzw. deren Skill-Listen herausfinden.

Smart-Home-Geräte kommen mit sogenannten Begleiter-Apps. Diese werden von ihrem Hersteller herausgegeben und sorgen für eine ordentliche Funktion der Geräte. Diese müssen heruntergeladen und auf dem Gerät installiert werden.

Sollten die Geräte mit ihren aktuellen Apps und Updates versehen sein, kann man die Smart-Home-Geräte und den Amazon Echo Dot neu starten. Sie sollten jetzt einander erkennen.

Eine andere Möglichkeit ist es, den betreffenden Skill für das jeweilige Smart-Home-Gerät in der Alexa-App zu deaktivieren und anschließend erneut zu aktivieren. Man kann die Smart-Home-Geräte der Alexa-App innerhalb des Alexa-Menüs trennen und erneut verbinden. Als Letztes bleibt sicherzustellen, dass alle Geräte sich auf dem neuesten Stand ihrer Updates befinden.

Bei der Verwendung einer Philips Hue V1-Bridge (kreisförmig), muss man bei dieser erst auf die Taste drücken, bevor man das Gerät finden kann.

Natürlich ist es auch wichtig, sicherzustellen, dass alle Geräte mit dem gleichen WLAN-Netzwerk verbunden sind. Die Alexa-App bzw. der Amazon Echo Dot, sowie die Smart-Home-Geräte, die darüber gesteuert werden, müssen sich im gleichen Netzwerk befinden, damit die Alexa-App sie ansteuern kann. Dazu checkt man die WLAN-Einstellungen bzw. checkt das private WLAN, ob alle Geräte darin angezeigt werden.

Den Router sollte man ebenfalls richtig einstellen. Dies geht über den Computer. Dort muss SSDP/UPnP eingeschaltet sein. Im Zweifelsfall muss man die Anleitung des Routers konsultieren, da sich dies von Gerät zu Gerät unterscheiden kann.

Wurde ein Name für eine Smart-Home-Gerätegruppe erstellt, dann ist darauf zu achten, dass dieser Name einfach zu verstehen und eindeutig ist. Nur so kann Alexa den dafür bestimmten Sprachbefehl auch entsprechend dieser Gruppe zuordnen.

Schlussendlich kann man eine erneute Geräteerkennung durchführen. Dazu gibt man einfach den Sprachbefehl an Alexa. Dieser lautet: „Alexa, erkenne meine Geräte". Nachdem Alexa diesen Befehl erhalten hat, wird sie nach allen verfügbaren Smart-Home-Geräten suchen und verkünden, wie viele sie gefunden hat.

Alexa

Nun wurde hier schon mehrfach Alexa erwähnt. Nach all den technischen Details über den Amazon Echo Dot, über seine Einrichtung, seine Verbindungen und sein Zurücksetzen ist es nun Zeit, ein wenig mehr über Alexa zu erfahren.

Alexa ist das Gehirn des Amazon Echo Dots. Sie verwaltet die Funktionen, sie versteht die Sprachbefehle und sie ist mit dem Internet verbunden. Ihre Arbeit erledigt sie über die Cloud. Daraus ergibt sich auch, dass ohne eine Verbindung zu dieser Cloud, also ohne ein WLAN-Netzwerk, Alexa ihre Aufgaben nicht erfüllen kann.

Alexa ist ein Alleskönner und sie ist mehr als das. Sie kann nicht nur viele Dinge erledigen, sie lernt auch ständig neue Fertigkeiten dazu. Zu dem, was sie bis heute erledigen kann, gehört:

- Musik abspielen

- Hörbücher vorlesen

- Informationen liefern

- Heimgeräte steuern

- Kalendertermine verwalten

- Auf Amazon einkaufen

- Anrufe erledigen und Nachrichten versenden bzw. empfangen

Neben diesen allgemeinen Fähigkeiten verfügt Alexa auch über jede Menge Skills, die man ihr bei Bedarf hinzufügen kann. Alexa beschränkt ihre Arbeit dabei nicht nur auf den Amazon Echo Dot. Sie kann auch andere Geräte steuern, dazu gehören der Amazon Echo und das Amazon Fire TV.

Alexa geht aber noch weiter, als nur die Wünsche ihres Eigentümers zu erfüllen. Alexa hat eine eigene Persönlichkeit, die sie über die Zeit hinweg weiterentwickelt. Fragt man sie nach ihrer Meinung oder nach ihrem Geschmack, dann wird man eine Antwort erhalten. Diese Antworten sind subjektiv und ein Ausdruck von Alexas Persönlichkeit.

Jeder Nutzer von Alexa kann ein Feedback zu ihr abgeben. Dieses Feedback wird benutzt, um die Persönlichkeit von Alexa weiterzuentwickeln. Das Senden von Feedback geht ganz einfach vor sich. Man geht nur in das Menü der Alexa-App und wählt das Symbol mit dem Fragezeichen aus. Dieses Symbol öffnet das Menü für Hilfe und Feedback. Hier kann man sein Feedback eingeben und absenden. Dazu kann man über das Dropdown-Menü die Art des Problems bzw. dessen Kategorie einengen. Es steht auch ein Textfeld für einen Kommentar zur Verfügung. Mit dem Absenden des Feedbacks sendet man auch einige wichtige Diagnoseinformationen, die für die Bearbeitung nötig sind bzw. diese erleichtern.

Alexa ermöglicht es, Musik und andere Medien anzuhören. Dazu gehören auch Podcasts und Hörbücher. Diese können über Streamingdienste oder per Bluetooth von einem Smartphone oder Tablet abgespielt werden. Wer über eine Musikbibliothek auf Amazon verfügt, kann dies ebenfalls hochladen.

Alexa erlaubt die Verwendung einer steigenden Anzahl von Streamingdienste. Darunter befinden sich kostenlose Angebote ebenso wie kostenpflichtige Dienste. Auf welche Dienste man zugreifen kann, findet man in der Alexa-App unter dem Menüpunkt „Musik und Bücher".

Wurde Alexa bzw. der Amazon Echo Dot bei der Einrichtung wie gefordert mit dem Amazon-Konto verbunden, sind die Musikbibliothek und die Bibliothek mit den Hörbüchern sofort verfügbar. Ist man bereits ein Prime-Mitglied, dann kann auch auf Prime-Music zugegriffen werden. Abonnenten von Amazon Music Unlimited können auch diese Songs über den Amazon Echo Dot abspielen. Kostenlos ist das Hochladen von 250 Songs möglich. Wer Amazon Music abonniert hat, kann jedoch bis zu 250.000 Songs hochladen.

Andere Anbieter machen es oftmals erforderlich, dass man dort zuerst ein Konto eröffnet oder erstellt. Ist dies geschehen, verknüpft man die Alexa-App mit diesem Konto.

Verfügt man über mehr als ein Alexa-Gerät, so kann man die Alexa-App auf diesen Geräten synchronisieren. Damit ist es möglich, die Musik gleichzeitig auf mehreren Geräten abzuspielen und so in jedem Raum zu hören.

Hörbücher können von Audible und Kindle Unlimited über Alexa wiedergegeben werden. Mit Whispersync kann man ein Hörbuch beginnen und, wenn man das Abspielen unterbricht, später auf dem gleichen oder einem anderen Gerät an der gleichen Stelle später fortfahren.

Man kann sich über Alexa auch einen kurzen Auszug aus einem Hörbuch anhören, welches man noch nicht erworben hat. So kann man sich ein Bild über den Inhalt des Buches machen.

Alexa kann jedoch weit mehr, als einfach nur irgendwelche Musik oder Hörbücher wiedergeben. Alexa kann auch Fragen beantworten. Diese Fragen können sich auf die Geografie, auf Personen, auf Musik oder Sport oder auf Termine beziehen. Alexa kann Definitionen für Wörter liefern oder diese einfach nur Buchstabieren und Alexa kann Umrechnungen durchführen sowie einfache Gleichungen lösen.

Alexa kann Produkte aus dem Prime-Katalog auf Amazon bestellen. Dazu benötigt man jedoch einige Voraussetzungen. Als Erstes muss man ein Prime-Mitglied sein. Des Weiteren braucht man eine deutsche Lieferadresse. Die Zahlungsart muss auf eine deutsche Bank ausgestellt sein und die Rechnungsadresse sich in den 1-Click-Einstellungen befinden. Zusätzlich muss der Spracheinkauf in der Alexa-App aktiviert sein. Eine Bestellung kann nur unmittelbar nach ihrer Aufgabe über einen Sprachbefehl storniert werden. Man kann jedoch alle Bestellungen über die Alexa-App verwalten.

Alexa vermag auch, auf das Kalenderkonto zuzugreifen, sofern man es mit Alexa verknüpft hat. Damit kann Alexa die Termine überprüfen, löschen oder neue erstellen. So kann Alexa auch, falls nötig, ihren Nutzer an die Termine erinnern.

Alexa-Skills

Alexa lernt und entwickelt sich. Das bedeutet auch, dass sie ständig neue Skills zu ihren bestehenden Fähigkeiten hinzufügt. Bei den Skills handelt es sich um neue Funktionen, die über die Spracheingabe benutzt werden können. So kann man Quizspiele spielen, sich über andere Städte oder über besondere Angebote informieren. Die Alexa-App kann nach neuen Skills suchen oder man kann neue Skills über den Alexa-Skills-Store herunterladen.

Wer den genauen Namen des Skills kennt, kann direkt über den Befehl „Alexa, Skill [Name] aktivieren", diesen Skill seiner Alexa zur Verfügung stellen. Andernfalls kann man einfach über die Alexa-App auf den Alexa-Skills-Store gehen und dort nach neuen Skills suchen. Findet man einen Skill, dann wählt man einfach den Button „Skill aktivieren". Die Alexa-App erledigt den Rest dann von allein.

Bereits vorhandene Skills kann man über die Alexa-App verwalten. Dazu geht man einfach über das Menü in den Punkt „Meine Skills". Dort kann man Skills deaktivieren, bewerten oder ihre Benachrichtigungen aktivieren bzw. deaktivieren.

Man kann sogar seine eigenen Skills für Alexa entwickeln. Dazu gibt es ein eigenes Alexa-Skills-Kit. Damit kann man interaktiv über Sprachbefehle seinen gewünschten Skill erstellen.

Sollte es einmal Schwierigkeiten mit einem Skill geben, geht man am besten in das Menü mit den Skills. Dort deaktiviert man den Skill, der nicht richtig funktioniert, und fügt ihn über den Skills-Store erneut hinzu. Manchmal ist es auch notwendig, einem Skill die entsprechenden Berechtigungen zu geben. Dies kann man über die Alexa-App im entsprechenden Skill-Menü erledigen.

Um einen Überblick über die verschiedenen Skills zu erhalten, gibt es hier eine kleine Zusammenfassung unterteilt nach Kategorien:

<u>Bildung und Nachschlagewerke</u>

Fleckenentferner

Dieser Skill ist wichtig für alle Singles oder, wenn man dank seiner Kinder vor neue Waschherausforderungen gestellt wird. Man aktiviert den Skill einfach so: „Alexa, frag Fleckentferner, wie ich Schokoladenflecken entferne." Alexa kann über diesen Skill eine Datenbank ansteuern, die die verschiedensten Flecken beinhaltet plus eine Möglichkeit, wie man diese Flecken wirkungsvoll entfernt. Zusätzlich verfügt dieser Skill über allgemeine Putztipps.

Grüner Daumen

Wer sich pflanzlich berufen fühlt, aber dennoch eher unbedarft in dieser Hinsicht ist, bekommt hier hilfreiche Ratschläge. Diese betreffen im Moment jedoch nur Zimmerpflanzen. Vielleicht aber gibt es auch bald eine Erweiterung für den Garten. Den Skill startet man mit: „Alexa, starte grüner Daumen".

Stundenplan

Dieser Skill ist für Schüler, Studenten und deren Angehörigen gedacht. Die Schüler und Studenten wissen so, welche Hausaufgaben bzw. Hausarbeiten sie vorzubereiten haben. Die Eltern wissen, wann sie Malsachen oder Turnbeutel einpacken sollen. Den Skill startet man mit: „Alexa, welche Stunden habe ich heute Morgen?"

<u>Rund ums Essen und Trinken</u>

Backhexe

Dieser Skill ist für alle, die es gern süß mögen. Hier bekommt man alle Kuchen- und Backrezepte, die man sich vorstellen kann. Der Sprachbefehl hier ist: „Alexa, frag Backhexe, wie man einen Strudel macht."

Gin Cocktails

Dieser Skill ist für Fans des Gins und von Cocktails. Die Rezepteauswahl beinhaltet selbstverständlich mehr, als nur als den altbekannten Gin Tonic. Gestartet wird der Skill unter anderem so: „Alexa frage Gin Cocktails nach einem Rezept für Savoy Hotel Spezial."

Gesundheit und Fitness

Zähneputzen

Nein, dieser Skill ist nicht für die Großen. Er ist für den kleinen Nachwuchs gedacht. Mitunter ist es nicht leicht, den lieben Kinderlein das Zähneputzen beizubringen. Damit diese Geduldsprobe die Eltern nicht überfordert, gibt es diesen hilfreichen Skill. Alexa hilft hier mit diesem Skill, indem ein zufällig ausgewählter Song während des Zähneputzens gespielt wird. Diesen Skill aktiviert man mit: „Alexa, starte Zähne putzen."

Gehirnjogging

Dieser Skill soll den Nutzer geistig fit halten. Dazu werden ihm von Alexa verschiedene Fragen gestellt, die sein Wissen oder seine Fertigkeiten auf die Probe stellen. Zum Beispiel kann Alexa ihm eine Rechenaufgabe und ein Ergebnis nennen. Der Nutzer muss dann mit einem einfachen Ja oder Nein entscheiden, ob er das Ergebnis für richtig hält. Diesen Skill startet man einfach mit: „Alexa, starte Gehirnjogging."

Fitbit

Dieser Skill kann alle Tracker der gleichnamigen Marke ansteuern. Diese Tracker erlauben es jedem, seine Bewegungen, sein Training, ja, sogar einfach nur seinen Schlaf zu verfolgen. Damit kann man auswerten, wie viele Kalorien man verbraucht hat, welchen Weg man zurückgelegt hat oder einfach nur, ob man gut geschlafen hat. Den Fitbit kann man unter anderem so aktiveren: „Alexa, frage Fitbit wie habe ich letzte Nacht geschlafen."

Lifestyle

Gala

Dies ist ein Skill, der von den Machern des gleichnamigen Magazins erstellt wurde. Der Skill enthält ein Promi-Quiz, in welchem man sein Wissen über den aktuellen Klatsch überprüfen kann. Gestartet wird der Skill mit dem einfachen Befehl: „Alexa, öffne Gala."

Weiser Helge

Dieser Skill enthält insgesamt 456 Weisheiten, die einem in jeder Lebenslage helfen sollen. Die Weisheiten werden nach dem Zufallsprinzip ausgesucht. Den Skill aktiviert man mit der Aufforderung: „Alexa, starte Weiser Helge und erleuchte mich."

Musik und Audio

Donnerwetter

Dieser Skill klingt laut, doch er ist es nicht. Es werden stattdessen sanfte Naturgeräusche vermittelt, die etwas Beruhigendes an sich haben. So kann man als gestresster Nutzer ein wenig entspannen. Gestartet wird der Skill mit dem Kommando: „Alexa, starte Donnerwetter."

MTV Top Ten

Dieser Skill verrät, wer sich gerade in den deutschen Top Ten befindet. Damit ist man, sofern man an den deutschen Charts interessiert ist, immer auf dem Laufenden. Der Skill wird mit gestartet mit: „Alexa, frage deutsche Charts nach den Top Ten."

Nachrichten

Bild

Die Bild hat es auch in die Alexa geschafft. Mit dem Bild-Skill ist man nachrichtentechnisch immer auf dem neuesten Stand. Die Nachrichten werden dabei als kurze Sprachausgaben präsentiert und beinhalten Politik, Promis und natürlich auch Sport. Den Bild-Skill aktiviert man mit dem folgenden Befehl: „Alexa, was sind die Nachrichten?" Dieser Befehl öffnet auch den Tagesschau-Skill.

Tagesschau

Dieser Skill bringt einen kurzen Überblick über die neuesten Nachrichten. Diese werden in einem kurzen Vortrag von nur 100 Sekunden vorgestellt. Dies erlaubt es, sich einen allgemeinen Überblick in sehr kurzer Zeit zu verschaffen und man kann sich gleich danach wieder auf seine anderen Beschäftigungen konzentrieren. Aktiviert wird dieser Skill mit diesem Befehl: „Alexa, was sind die Nachrichten?" Dabei handelt es sich um den gleichen Befehl, wie man ihn für den Bild-Skill braucht.

Witziges

Mächtiger Aluhut

Dieser Skill präsentiert alternative Wahrheiten. Diese bezieht er aus einer Datenbank, die mit jeder Menge Verschwörungstheorien gefüttert wurde. Diese bringen zwar weniger die Wahrheit ans Licht, doch sie eignen sich, den Zuhörer zum Schmunzeln zu bringen. Diesen Skill aktiviert man so: „Alexa, frage Mächtiger Aluhut nach der Wahrheit."

Chuck-Norris-Fanwitze

Dieser Skill bringt echte Chuck-Norris-Sprüche mit Witzen garniert. Diese schlagfertigen Sprüche sorgen für jede Menge Gesprächsstoff, sei es einfach nur daheim oder bei einer Party. Aktiviert wird der Skill wie folgt: „Alexa, starte Chuck-Norris-Fanwitze".

Reisen

Cityguide Karlsruhe

Der Cityguide-Karlsruhe-Skill vermittelt natürlich touristisch interessante Informationen über Karlsruhe. Wenn man diese Stadt einmal besuchen möchte, dann wird man mit diesem Skill alles Wissenswerte über sie erfahren. Aktivieren kann man diesen Skill zum Beispiel so: „Alexa, frage Cityguide-Karlsruhe nach den Top-Sehenswürdigkeiten."

BVG-Skill

Die Berliner Verkehrsbetriebe (BVG) ermöglichen es jedem in der Stadt Berlin jeden Punkt zu erreichen. Während der Service hervorragend ist, sind die Fahrpläne jedoch mitunter unübersichtlich, was besonders für Touristen einen Besuch in Berlin ein wenig erschwert. Dies liegt unter anderem daran, dass viele Punkte mit verschiedenen Verkehrsmitteln erreicht werden können. Daher gibt es den BVG-Skill, der von den Berliner Verkehrsbetrieben herausgegeben wurde und die Verbindungen einfach und schnell darstellt. Aktivieren kann man den Skill zum Beispiel so: „Alexa, frage BVG, wie ich am besten zum Berliner Hauptbahnhof gelange."

Mehrere Alexa-Geräte verwenden

Alexa ist nur eine einzige App, doch sie funktioniert auf mehreren Geräten. Dies können einfach mehrere Amazon Echo Dots sein oder eine Kombination aus Amazon Echo Dot und anderen Geräten. Einige der Inhalte und Einstellungen können dabei geteilt werden, denn sie funktionieren auf mehreren Geräten und sind auf dem Konto gespeichert.

Dank der ESP (Echo Spatial Perception – Echo räumliche Wahrnehmung) weiß Alexa, welches Echo Gerät dem Sprecher am nächsten ist. Dieses Gerät wird den jeweiligen Sprachbefehl ausführen. Einige Alexa-Geräte brauchen nicht einmal ein Aktivierungswort, wie zum Beispiel das Amazon Fire TV und das Fire Tablet.

Es ist möglich, die Sprachbefehle einem bestimmten Gerät zuzuordnen. Dazu kann man einfach über die Alexa-App das Aktivierungswort der Geräte ändern. So kann man seinem Amazon Echo Dot in der Küche ein anderes Aktivierungswort zuweisen, als dem Amazon Echo Dot im Schlafzimmer.

Die Alexa-Geräte verwenden alle das gleiche Amazon-Konto. Damit kann man über das Menü „Einstellungen" diesen Kontoinhalt verwalten und alle Änderungen betreffen alle Geräte. Folgende Inhalte sind identisch:

- Haushaltsprofile

- Smart-Home-Geräte

- Musik und Medien

- Anrufe und Nachrichten mit Alexa

- Tägliche Zusammenfassungen

- Einkaufslisten

- To-do-Listen

Folgende Inhalte werden nicht geteilt:

- Wecker

- Timer

- Töne

- Bluetooth-Verbindungen

Diese Unterteilung kann nicht geändert werden, es sei denn, man verwendet mehrere Amazon-Konten.

Anrufe, Nachrichten und Drop In

Alexa kann Anrufe erledigen, Nachrichten versenden und empfangen und Drop-In-Verbindungen aufbauen. Diese Funktionen sind kostenlos und erfolgen zwischen den verschiedenen Amazon Echo Geräten. Das bedeutet, man ruft nicht ein Telefon an, sondern man ruft von seinem Alexa-Gerät aus ein anderes Alexa-Gerät an bzw. versendet Nachrichten zwischen beiden.

Die Verbindungen funktionieren zwischen den Amazon Echo Dots, Amazon Echo (1. und 2. Generation), Amazon Echo Show und Amazon Echo Plus. Wenn man seinen Amazon Echo Dot einrichtet und ihn anmeldet, dann werden die Kontakte aus dem Mobiltelefon automatisch von Alexa übernommen. So kann man Freunde und Familienmitglieder einfach erreichen, sei es als Anruf oder per Nachricht.

Verfügen die gespeicherten Kontakte über Alexa-Geräte, werden diese automatisch in die Liste der Alexa-Kontakte aufgenommen und so der Alexa-App hinzugefügt. Neben der Verwendung der Alexa-Geräte, kann man Anrufe und das Versenden von Nachrichten auch mittels der Alexa-App erledigen, die auf dem Mobilgerät gespeichert ist.

Alle Personen, die auf die Geräte in einem Haushalt zugreifen können, können auch darüber Nachrichten versenden oder Anrufe tätigen. Das bedeutet auch, dass alle Personen in einem Haushalt per Alexa-Geräte Nachrichten empfangen und Anrufe entgegennehmen können. Das bedeutet aber auch, dass jemand anderes eine Person über Alexa anrufen kann, sofern er die Telefonnummer der betreffenden Person hat und selbst über ein Alexa-Gerät verfügt. Es ist jedoch möglich, unerwünschte Anrufe bzw. Nachrichten blockieren. Das geht im Hinblick auf eine bestimmte Zeit oder einen bestimmten Kontakt.

Sollen Anrufe, Nachrichten und Drop-Ins für eine bestimmte Zeit blockiert werden, verwendet man dafür die „Bitte nicht stören"-Funktion. Diese Funktion blockiert direkt die Drop-Ins und unterlässt Benachrichtigungen, wenn ein Anruf oder eine Nachricht eingeht.

Die „Bitte nicht stören"-Funktion kann man auf zwei Wegen benutzen. Einmal geht dies direkt über einen Befehl oder man kann diese Funktion zuvor planen. Will man die „Bitte nicht stören"-Funktion nur einmalig verwenden, dann lohnt es sich, diese einfach direkt ein- oder auszuschalten. Um sie einzuschalten, gibt man Alexa einfach folgenden Befehl: „Alexa, bitte nicht stören einschalten." Um die Funktion wieder zu deaktivieren, benutzt man den Befehl: „Alexa, bitte nicht stören ausschalten." Dann gibt es wieder eine Benachrichtigung für eingehende Anrufe und Nachrichten und Drop-Ins sind wieder möglich.

Die „Bitte nicht stören"-Funktion kann auch über die Alexa-App geplant werden. Dazu geht man in der App in das Menü für die Einstellungen. Dort wählt man seinen Amazon Echo Dot aus und geht auf den Menüpunkt „Bitte nicht stören". Als Nächstes tippt man auf den Button „Geplant" und gibt über den Butten „Bearbeiten" die gewünschte Zeit für die Funktion sowie die betreffenden Tage ein. Dann speichert man seine Änderungen und verlässt das Menü wieder.

Anrufe

Um einen Anruf zu beginnen, reicht der Befehl: „Alexa, rufe [Name] an." Dann beginnt Alexa sofort mit dem Anruf. Möchte man die Lautstärke während des Anrufes einstellen, verwendet man die Befehle: „Alexa, Lautstärke rauf / runter." Um das Gespräch zu beenden, sagt man nur: „Alexa, lege auf". Man kann aber auch sagen: „Alexa, Anruf beenden". Will man während des Gespräches das Gerät auf stumm schalten, benutzt man dafür einfach die Mikrofontaste auf dem Amazon Echo Dot.

Geht ein Anruf von einem anderen Alexa-Gerät ein, dann leuchtet das Licht auf dem Amazon Echo Dot grün. Außerdem sagt Alexa Bescheid, dass jemand anruft und um wen es sich bei dem Anrufer handelt. Jetzt kann man den Anruf einfach annehmen, indem man „Alexa, antworten", sagt oder man ignoriert den Anruf mit dem Befehl „Alexa, ignorieren".

Manchmal kann es vorkommen, dass man sich bereits in einem Gespräch befindet und ein weiterer Anruf eingeht. In diesem Falle wird der neue Anruf auf ein anderes, verfügbares Gerät umgeleitet.

Nachrichten

Nachrichten können ebenfalls über Sprache oder über die Alexa-App auf dem Mobilgerät versendet werden. Wird die Nachricht abgeschickt, so gelangt sie an die Alexa-App und jedes Alexa-Gerät des Empfängers. Alexa kann jedoch keine Anhänge, wie zum Beispiel Dokumente oder Bilder, verschicken.

Neben der App kann man seine Nachricht auch als Spracheingabe direkt über den Amazon Echo Dot versenden. Dazu benutzt man den Befehl: „Alexa, sende eine Nachricht an [Name]". Alexa spricht jetzt eine Aufforderung aus, den Text einzugeben. Die Nachricht spricht man einfach auf. Danach sendet Alexa die Nachricht automatisch ab.

Geht eine Nachricht in ein Alexa-Gerät ein, dann wird der Lichtring gelb und pulsiert. Gleichzeitig wird ein Ton abgegeben. Mit dem Befehl „Alexa, spiele meine Nachricht ab", bekommt man die Nachricht zu hören.

Die Nachrichten kann man auch über die App anschauen bzw. anhören. Dazu geht man in der App auf „Unterhaltungen" und dann auf „Abspielen". Die Nachricht wird jetzt abgespielt und gleichzeitig kann man sogar eine Textvariante lesen.

Kontakte verwalten

Die Kontakte aus dem Adressbuch werden automatisch von der Alexa-App darauf überprüft, ob sie ebenfalls über ein Alexa-Gerät verfügen. Wann immer dies der Fall ist, werden sie automatisch den Alexa-Kontakten hinzugefügt. Die Namen bleiben dabei gleich. Leben mehrere Personen im gleichen Haushalt und benutzen die Alexa-App, dann werden die Kontakte geteilt. Man kann auch per Hand der Alexa-App befehlen, die Kontakte zu aktualisieren. Das ist aber in den meisten Fällen nicht nötig.

Die Kontakte kann man, sobald sie als Alexa-Kontakte übernommen sind, natürlich auch verwalten. So kann man sie zum Beispiel blockieren, wenn man keine Alexa-Anrufe oder Nachrichten von ihnen empfangen möchte. Dazu geht man in der Alexa-App auf den Punkt „Unterhaltungen". Dort wählt man den Kontakt aus, den man blockieren möchte. Hat man den Kontakt ausgewählt, bietet sich die Option „Sperren". Darauf tippt man und bestätigt dies noch einmal. Daraufhin kann von diesem Kontakt keine Nachricht mehr empfangen werden und er kann auch nicht mehr anrufen.

Will man dem blockierten Kontakt wieder erlauben, anzurufen oder Nachrichten zu senden, geht man in das gleiche Menü. Dort scrollt man, bis man den Punkt „Kontakte blockieren" findet und darauf tippt man. In der sich nun öffnenden Liste wählt man den Kontakt aus, dessen Blockierung man aufheben möchte. Sollte der Kontakt Nachrichten geschickt haben, während er blockiert war, so werden diese auch nach Beendigung der Blockierung nicht mehr angezeigt.

Drop-In

Drop-In ist eine optionale Funktion der Alex-App und der Alexa-Geräte. Diese Funktion ist für Freunde und Verwandte gedacht und ermöglicht eine schnelle und einfache Verbindungsaufnahme.

Um die Drop-In-Funktion zu verwenden, muss diese erst einmal in der Alexa-App aktiviert werden. Dann muss man die Kontakte, mit denen man befreundet oder verwandt ist, eine solche Berechtigung erteilen. Um die Funktion innerhalb des eigenen Haushalts verwenden zu können, muss man sie in seinem eigenen Profil aktivieren.

Wenn eine Drop-In-Verbindung hergestellt wird, dann leuchtet der Lichtring grün. Die Verbindung wird automatisch hergestellt und sofort kann man alles in der Reichweite des Gerätes hören. Ist die „Bitte nicht stören"-Funktion aktiv, dann werden Drop-In-Gespräche automatisch blockiert.

Um ein Drop-In durchzuführen, braucht man nur den Sprachbefehl: „Alexa, Drop in bei [Gerätename]", schon wird die Verbindung aufgebaut. Mit dem Befehl „Alexa, auflegen", wird die Verbindung beendet.

Um jemanden die Berechtigung zu Drop-In-Verbindungen zu erteilen, geht man in der Alexa-App auf den Menüpunkt „Unterhaltungen". Dort tippt man auf den Button „Kontakte". In dem sich nun öffnenden Menü kann man seinen eigenen Namen auswählen und so sich selbst die Berechtigung dazu erteilen. Dann kann man die eigenen Geräte im eigenen Haushalt für ein Drop-In ansteuern. Will man einem anderen Kontakt die Berechtigung erteilen, wählt man einfach dessen Namen und tippt dann auf die Option „Drop-In".

Will man jemandem die Berechtigung für ein Drop-In entziehen, geht man wieder auf den Menüpunkt „Unterhaltungen". Dort wählt man die Kontakte aus, denen man die Berechtigung entziehen will, und wählt die entsprechende Option. Schon kann der betreffende Kontakt keine Drop-Ins mehr durchführen.

Neben dieser einzelnen Berechtigung kann man auch generelle Einstellungen für das Drop-In durchführen. In der Alexa-App hat man die dazu nötigen Einstellmöglichkeiten. Dort kann man die Drop-Ins einschalten. Damit haben Kontakte mit der entsprechenden Berechtigung die Möglichkeit, ein Drop-In durchzuführen. Man kann aber auch mit der Option „Nur mein Haushalt" nur den Geräten innerhalb des eigenen Haushaltes die Berechtigung zu einem Drop-In erteilen. Als letzte Option kann man mit dem Button „Aus" die Drop-Ins generell abschalten. Dann kann niemand mehr eine solche Verbindung aufbauen. Standardmäßig sind die Drop-Ins auf „An" gesetzt, doch dann braucht noch jeder einzelne Kontakt eine extra Berechtigung, um einen Drop-In durchzuführen.

Häufig gestellte Fragen

Natürlich kommen bei einem Gerät, wie dem Amazon Echo Dot, am Anfang eine Menge Fragen auf. Um den neuen Nutzern die Benutzung des Amazon Echo Dots zu erleichtern und damit nicht immer die gleichen Fragen neu gestellt werden müssen, sind hier ein paar typische Fragen:

Fragen zum Amazon Echo Dot

Wie kann der Amazon Echo Dot das Aktivierungswort erkennen?

Der Amazon Echo Dot verfügt über 7 eingebaute Mikrofone. Diese sind, sofern sie nicht extra abgeschaltet wurden, immer aktiv und lauschen auf das Aktivierungswort. Wird dieses ausgesprochen, dann aktiviert sich der Echo Dot. Er zeichnet den Sprachbefehl oder die Frage auf und sendet sie als Audiodatei in die Cloud. Dort wird der Befehl bzw. die Frage erkannt und bearbeitet.

Wie kann ich feststellen, ob und wann der Amazon Echo Dot meine Stimme in die Cloud leitet?

Sobald der Amazon Echo Dot das Aktivierungswort erkennt, wird er den Sprachbefehl bzw. die Frage in die Cloud weiterleiten. Ebenso kann man dies mit der Aktionstaste überprüfen. Drückt man diese, dann leuchtet der Lichtring auf dem Gerät blau und zeigt damit an, dass die Audiodaten zur Cloud geladen werden. Die Aufnahme der Audiodaten beginnt bereits einen Sekundenbruchteil vor der Äußerung des Aktivierungswortes und die Aufnahme endet, sobald der Sprachbefehl oder die Frage erkannt und bearbeitet wurde.

Bei Bedarf kann man einen Ton einstellen, der den Beginn und das Ende der Verbindung zur Cloud anzeigt. Dafür geht man in die Alexa-App und dort in das Menü Einstellungen. Dann öffnet man das

Gerät in der App, den Amazon Echo Dot. Anschließend wählt man Töne. Dort kann man den Ton für den Start einer Anfrage aktivieren. Ebenso kann man auch einen Endton einschalten. Dieser zeigt an, dass die Verbindung zur Cloud beendet wurde. Nach diesem Ton werden keine Audiodaten mehr an die Cloud gesendet.

Sind die Mikrofone des Amazon Echo Dots komplett abschaltbar und wie weiß ich, dass sie wirklich abgeschaltet sind?

Die Mikrofone am Amazon Echo Dot verfügen über eine eigene Taste, um sie auszuschalten. Diese Taste schaltet die Mikrofone über eine Hardwarefunktion ab. Das bedeutet, dass die Mikrofone ganz einfach von der Stromzufuhr getrennt sind. Dies geschieht nur per Tastendruck und nicht per Software. So kann der Amazon Echo Dot und niemand anderes die Mikrofone einfach unbemerkt wieder einschalten.

Wenn man die Mikrofontaste betätigt und die Mikrofone ausgeschaltet sind, dann färbt sich die Taste rot ein. Der Amazon Echo Dot kann nun nichts mehr hören und wird dementsprechend nicht auf das Aktivierungswort bzw. einen Sprachbefehl oder eine Frage reagieren. Durch das erneute Drücken der Mikrofontaste schaltet man die Mikrofone wieder ein.

Wurde zusätzlich zu dem Amazon Echo Dot auch eine Fernbedienung angeschafft, so kann man diese weiterhin benutzen, auch wenn die Mikrofone ausgeschaltet sind. Der Amazon Echo Dot wird auf Eingaben über die Fernbedienung reagieren. Das liegt daran, dass bei einer Stummschaltung zwar die Mikrofone, aber nicht der Amazon Echo Dot selbst ausgeschaltet sind.

Fragen zu Alexa

Wie wird Alexa eigentlich verwendet?

Alexa ist nicht an ein Gerät gebunden. Sie funktioniert über eine Cloud. Dementsprechend ist ihre Benutzung in den verschiedenen

Echogeräten unterschiedlich. Im Amazon Echo Dot jedoch muss man Alexa zuerst aktivieren, um ihr einen Auftrag zu erteilen oder eine Frage zu stellen. Dazu benutzt man ein Aktivierungswort. Die Werkseinstellung verwendet das Aktivierungswort „Alexa". Man muss also jeden Sprachbefehl oder jede Frage mit diesem Wort beginnen. Eine Liste mit Beispielen für Sprachbefehle befindet sich im letzten Kapitel dieses Buches.

Das Aktivierungswort kann man jedoch auch ändern. Das geschieht über Alexa-App auf dem Mobilgerät. Dort gibt es ein Menü mit einer Liste von möglichen Aktivierungsworten. So kann man auch mehrere Geräte problemlos verwenden, indem man ihnen einfach unterschiedliche Aktivierungsworte zuteilt.

Wie kann man sehen, was man Alexa gefragt hat?

Alexa zeichnet alle Fragen und Sprachbefehle auf. Diese Aufzeichnungen kann man über die Alexa-App einsehen. Dort sind sie in die Bereiche „Fragen" und „Anforderungen" unterteilt. Jeden Eintrag kann man antippen und sich dann weitere Informationen dazu anzeigen lassen. Ebenfalls kann man direkt zu einer Frage oder einer Anforderung ein Feedback abgeben und man kann sich die Frage oder den Sprachbefehl erneut vorspielen lassen. Die entsprechende Audiodatei wurde in der Cloud gespeichert.

Ein Feedback in diesem Bereich ist immer hilfreich, besonders dann, wenn Alexa einen Befehl nicht richtig verstanden hat oder ihn falsch in eine Textform übertrug. Hier kann ein entsprechendes Feedback helfen, die Alexa-App zu verbessern bzw. ihr Verständnis zu erweitern.

Können die Sprachaufnahmen gelöscht werden?

Die Antwort ist ein klares „Ja". Alle Sprachaufnahmen, die mit dem Konto eines Nutzers in Verbindung stehen, können gelöscht werden. Dies kann auf zwei Wegen geschehen. Als Erstes kann man in der Alexa-App die Aufzeichnungen der Sprachbefehle und der Fragen aufrufen. Dort kann man jeden einzelnen Befehl bzw. jede einzelne Frage auswählen und einzeln löschen. Alternativ kann man alle Sprachaufnahmen, die mit dem jeweiligen Konto verbunden sind, löschen. Dazu geht man auf www.amazon.de/mycd. Dort kann man sich seine Geräte und die entsprechenden Inhalte anzeigen lassen und sie alle löschen. Eine weitere Möglichkeit, alle Aufnahmen zu löschen, ist, den Kundenservice damit zu beauftragen. Dies kann aber ein wenig dauern, bis die Anfrage entsprechend bearbeitet wurde.

Wurden mehrere Alexa-Geräte aus verschiedenen Ländern mit einem Konto auf Amazon verbunden, muss man die Löschung der Sprachaufnahmen für jedes einzelne Land durchführen.

Werden die Spracheingabedienste mit der Zeit besser?

Ja. Alexa ist kein statisches Produkt. Sie ist eine App, die lernt und sich entwickelt. Alle Sprachaufnahmen einer Person werden benutzt, um sich an den Sprecher zu gewöhnen. So erweitert sich das Verständnis von Alexa. Ebenso können mehr und mehr Alexa-Geräte hinzugefügt und neue Dienste in Anspruch genommen werden, um die Fragen zu beantworten oder die Anfragen zu bearbeiten.

Kann man mit Alexa per Spracheingabe einkaufen?

Ja, das ist über die Skills problemlos möglich. Außerdem, wer ein Prime-Konto auf Amazon eingerichtet hat, kann die dort verfügbaren Produkte bestellen. Ebenso kann man die Dienste, die dort verfügbar sind, abonnieren.

Werden Bestellungen getätigt, werden die Standardeinstellungen, die für dieses Konto getätigt wurden, verwendet. Das betrifft vor allem die Zahlung und den Versand. Über die Alexa-App kann man einen gesprochenen Code zur Bestätigung der Käufe eingeben.

Die Kauffunktion kann man in der Alexa-App deaktivieren, wenn man dies möchte. Dort sind ebenfalls die Produktinformationen und alle Informationen zur Bestellung einsehbar. Die Geschäftsbedingungen für Einkäufe sind die Gleichen, wie auf jedem anderen Amazon-Konto auch.

Kann man ein Produkt, das über Alexa bestellt wurde, wieder zurückgeben?

Natürlich. Die Regeln dazu sind die Gleichen, wie die Rückgabebedingungen für einen herkömmlichen Einkauf bei Amazon. Produkte können, sofern sie nicht digital sind, kostenlos zurückgegeben werden. Dies geschieht über das Rücksendezentrum. Die Gebühren für das Zurückschicken werden von Amazon erstattet.

Wie verbindet sich Alexa mit Smart-Home-Geräten?

Alexa kann den Status von Smart-Home-Geräten einsehen und diese steuern. Eine Verbindung wird über ein Smart Hub oder direkt hergestellt. Dazu verwendet man auch die Begleiter-Apps der Geräte, die von ihren Herstellern herausgegeben werden. Für eine Steuerung ist unter Umständen ein Update für das Gerät oder für Alexa nötig.

Fragen zu Anrufen, Nachrichten und Drop-In

Was sind Anrufe und Nachrichten mit Alexa?

Bei Anrufen und Nachrichten mit Alexa handelt es sich um ein kostenloses Feature. Es ermöglicht, eine Verbindung zu jemand anderes einfach, ohne seine Hände benutzen zu müssen, aufzubauen. Die Verbindung wird von einem Alexa-Gerät zu einem anderen Alexa-Gerät hergestellt. Neben Anrufen können auch Sprachnachrichten gesendet oder empfangen werden.

Wie sendet man eine Nachricht mit Alexa?

Alexa kann sowohl Sprach- als auch Textnachrichten an Personen versenden, solange diese den Dienst „Anrufe und Nachrichten" abonniert bzw. sich dafür registriert haben. Für eine Sprachnachricht verwendet man einfach den Befehl: „Alexa, sende eine Nachricht an [Name]". Danach spricht man seine Nachricht auf und sie wird dann automatisch an die benannte Person gesendet. Alternativ kann man die Nachricht auch über die Alexa-App versenden. In der Cloud wird die Nachricht verarbeitet und als Audiodatei weitergesendet oder in einen Text umgewandelt und ebenfalls entsprechend weitergeleitet.

Geht eine Nachricht ein, wird Alexa eine entsprechende Benachrichtigung von sich geben. Mit dem Befehl „Alexa, spiele meine Nachrichten ab," bekommt man die Nachrichten von Alexa vorgespielt. Alternativ kann man sich auch den Text dazu in der Alexa-App anzeigen lassen.

Nachrichten können jedoch nicht an Telefonnummern gesendet und auch nicht von diesen empfangen werden.

Wie kann man mit Alexa anrufen und wie kann man mit ihr Anrufe entgegennehmen?

Mit der Alexa und ihren Geräten kann man eine andere Person anrufen, die sich für den Dienst „Anrufe und Nachrichten" registriert hat. Dies geht einfach per Sprachbefehl, wie zum Beispiel diesem: „Alexa, rufe Mama an". Man kann auch die Alexa-App selbst benutzen. Dort geht man auf die Kontaktkarte der Person, die man anrufen möchte. Als Nächstes wählt man das Symbol mit dem Telefon.

Wenn ein Anruf über Alexa eingeht, dann wird der Lichtring auf dem Amazon Echo Dot grün und er rotiert. Ebenfalls wird Alexa sagen, dass ein Anruf eingeht und sie wird auch sagen, von wem der Anruf ist. Jetzt kann man diesen Anruf mit dem Befehl „Alexa, Anruf annehmen", annehmen oder mit dem Befehl „Alexa, Anruf ignorieren", ignorieren. Will man das Telefonat beenden, so benutzt man einfach den Befehl: „Alexa, auflegen".

Mit Alexa kann man keine Telefonnummern anrufen und auch nicht von Telefonnummern angerufen werden. Eine Verbindung ist nur zwischen Alexa-Geräten möglich.

Sind Anrufe oder das Verschicken von Nachrichten an Notrufnummern möglich?

Ein wichtiger Punkt sind Notrufnummern. Wie schon gesagt, Alexa kann keine Telefonnummern anrufen und auch keine Nachrichten an Telefonnummern senden. Dies bezieht sich auch auf die Notrufnummern 110 oder 112. In einem Notfall müssen diese Notrufnummern über ein Mobiltelefon oder einen Festnetzanschluss angerufen werden. Sollten die Notrufnummern als Kontakte im Mobiltelefon gespeichert sein, werden sie dennoch nicht als Alexa-Kontakte übernommen, denn sie verfügen nicht über ein Alexa-Gerät.

Wie kann man Kontakte zu Alexa hinzufügen?

Alexa kann eine Verbindung nur von einem Alexa-Gerät zu einem Alexa-Gerät herstellen. Dazu müssen beide Geräte für den Dienst „Anrufe und Nachrichten" registriert sein. Die Alexa-App kann auf dem Mobilgerät die Kontakte einsehen. Wenn ein Kontakt entsprechend für den Dienst „Anrufe und Nachrichten" registriert ist, wird er als Alexa-Kontakt übernommen. Die Alexa-App synchronisiert die Kontaktliste automatisch, sobald die geöffnet wird.

Braucht man eine Erlaubnis, um eine andere Person anzurufen oder ihr eine Nachricht zu schicken?

Als Erstes muss man selbst und der andere für den Dienst „Anrufe und Nachrichten" registriert sein. Ist das der Fall und verfügt man über die Kontaktdaten der anderen Person, kann man diese anrufen oder ihr Nachrichten schicken. Eine besondere Erlaubnis ist hierfür nicht nötig.

Wer kann aller Anrufe entgegennehmen oder Nachrichten empfangen?

Jede Person, die bei dem Dienst „Anrufe und Nachrichten" registriert ist, kann die Anrufe anderer registrierter Nutzer entgegennehmen und deren Nachrichten empfangen, solange die anderen Nutzer über die entsprechenden Kontaktdaten verfügen. Wird ein Anruf oder eine Nachricht an eine Person geschickt, dann empfangen alle Geräte, die auf dem Konto dieser Person registriert sind, diesen Anruf bzw. diese Nachricht.

Kann man alle einkommenden Anrufe oder Nachrichten blockieren?

Ja, dies geht über die „Bitte nicht stören"-Funktion. Damit schaltet man die Benachrichtigung durch diese Geräte aus. Weder Anrufe noch Nachrichten können so eingehen. Man nutzt diese Funktion über den Befehl „Alexa, bitte nicht stören". Man kann diese Funktion auch über die Alexa-App aktivieren. Will man die Funktion beenden und wieder Anrufe und Nachrichten empfangen, dann benutzt man den Befehl „Alexa, bitte nicht stören, aus".

Können Anrufe aus der Gesprächsliste entfernt werden?

Die Gesprächsliste befindet sich in der Alexa-App und kann dort bearbeitet werden. Auf einem iOS-Gerät nimmt man einfach das Gespräch, das man löschen möchte, und bewegt es nach links. Dann tippt man auf „Entfernen" und das Gespräch ist gelöscht. Auf einem Android-System tippt man auf das Symbol des Gespräches und hält es getippt, bis ein Optionsmenü erscheint. In diesem wählt man den Papierkorb. Das Gespräch wird dann gelöscht.

Die Löschung bezieht sich nur auf das eigene Gerät bzw. das eigene Konto. Eine Löschung dort löscht nicht das gleiche Gespräch bei dem betroffenen Kontakt. Eine Löschung dort kann nur von dem Kontakt selbst vorgenommen werden.

Kann man sich wieder vom Dienst „Anrufe und Nachrichten" abmelden?

Ja, dies ist möglich und geht sehr einfach über den Kundenservice. Eine Abmeldung ohne den Kundenservice ist jedoch nicht möglich.

Was verbirgt sich hinter der Drop-In-Funktion?

Das Drop-In ist eine Möglichkeit, die engsten Freunde, Verwandte oder die Mitglieder eines Haushaltes, die sich in verschiedenen Räumen befinden, einfach und schnell zu verbinden. Um dieses Feature zu verwenden, muss man es jedoch für jeden einzelnen Kontakt, sich selbst eingeschlossen, aktivieren.

Will man das Drop-In im eigenen Haushalt verwenden, geht man in das Menü der Kontakte und wählt seine eigene Kontaktkarte aus. Dort aktiviert man das Drop-In mit dem entsprechenden Symbol.

Will man jemand anderes ein Drop-In erlauben, geht man in ähnlicher Weise vor. Man geht in das Kontaktmenü, wählt die Karte des entsprechenden Kontaktes und aktiviert dort das Drop-In.

Will man das Drop-In benutzen, genügt ein einfacher Sprachbefehl wie dieser: „Alexa, Drop-In bei Mama". Schon wird die Drop-In-Verbindung hergestellt.

Die Funktion „Bitte nicht stören," blockiert die Drop-In-Funktion. Es sind in dieser Zeit keine Drop-In-Verbindungen mehr möglich.

Was ist eine Drop-In-Verbindung?

Eine Drop-In-Verbindung ist nicht das Gleiche wie ein Anruf. Ein Anruf muss entgegengenommen werden. Ein Drop-In stellt sofort eine Verbindung her. Der Andere kann nun alles hören, was das angesteuerte Drop-In-Gerät wahrnimmt. Eine bestehende Drop-In-Verbindung wird durch einen grün leuchtenden Lichtring angezeigt. Außerdem gibt der Amazon Echo Dot einen Ton von sich. Die Verbindung kann durch den Befehl „Alexa, auflegen", beendet werden.

Wie wird eine Erlaubnis zu einem Drop-In widerrufen?

In der Alexa-App können einzelne Kontakte die Erlaubnis erhalten, ein Drop-In durchzuführen. Im gleichen Menü kann ihnen diese Erlaubnis auch wieder entzogen werden. Außerdem kann man mit der Alexa-App einzelnen Geräten die Erlaubnis erteilen, ein Drop-In zuzulassen und ebenso Drop-Ins auf bestimmten Geräten blockieren.

Die Sprachbefehle

Alexa, anhalten!

Alexa wird nun die aktuelle Wiedergabe anhalten und sie kann später an der gleichen Position fortgesetzt werden.

Alexa, Anruf beenden!

Beendet den Anruf.

Alexa, antworten!

Dieser Befehl nimmt ein eingehendes Telefonat an.

Alexa, beende den Einschlaf-Timer!

Löscht den eingegebenen Zeitraum für eine aktuelle Wiedergabe.

Alexa, bitte nicht stören ausschalten!

Schaltet die „Bitte nicht stören"-Funktion aus. Drop-Ins werden nicht mehr blockiert und es gibt wieder eine Benachrichtigung für eingehende Anrufe und Nachrichten.

Alexa, bitte nicht stören einschalten!

Blockiert alle Drop-Ins und schaltet die Benachrichtigungen für eingehende Anrufe und Nachrichten aus.

Alexa, dimme das Wohnzimmerlicht!

Alexa reduziert die Lichtstärke im Wohnzimmer.

Alexa, Drop-In bei [Gerätename]!

Alexa stellt eine Drop-In-Verbindung zu dem benannten Gerät her.

Alexa, Drop In der Küche!

Stellt eine Verbindung vom Echo Dot im Raum des Sprechers zum Echo Dot in der Küche her.

Alexa, erkenne meine Geräte!

Alexa sucht nach Smart-Home-Geräten, um diese zu steuern.

Alexa, erzähl mir einen Witz!

Alexa wird einen Witz im Internet finden und ihn vorlesen.

Alexa, frage Backhexe, wie man einen Strudel macht!

Aktiviert den Backhexe-Skill, welcher alle möglichen Backrezepte von Brötchen über Kuchen bis zu Torten enthält.

Alexa, frage BVG, wie ich am besten zum Berliner Hauptbahnhof gelange!

Aktiviert den BVG-Skill. Alexa wird jetzt mit Hilfe des BVG-Skills eine Verbindung zwischen dem Standort des Sprechers und dem Berliner Hauptbahnhof erstellen.

Alexa, frage Cityguide-Karlsruhe nach den top Sehenswürdigkeiten!

Aktiviert den Cityguide-Karlsruhe mit allen wichtigen und interessanten Informationen über die Stadt Karlsruhe. Dieser Guide ist für Touristen gemacht, die diese Stadt einmal besuchen wollen.

Alexa, frage deutsche Charts nach den Top Ten!

Startet den Top Ten-Skill, welcher die aktuellen Top Ten der deutschen Charts benennt.

Alexa, frage Fitbit, wie habe ich letzte Nacht geschlafen!

Startet den Fitness-Skill Fitbit. Dieser kann verschiedene Tracker der Firma Fitbit ansteuern und so jedes Training bzw. jede Aktivität und sogar den Schlaf des Trägers eines solchen Trackers aufzeichnen.

Alexa, frage Fleckentferner, wie ich Schokoladenflecken entferne!

Aktiviert den Fleckenentferner-Skill und gibt eine entsprechende Anleitung.

Alexa frage Gin Cocktails nach einem Rezept für Savoy Hotel Spezial!

Aktiviert den Gin-Cocktails-Skill, welcher Auskunft über alle denkbaren Rezepte für Cocktails, die Gin enthalten, erteilt.

Alexa, frage Mächtiger Aluhut nach der Wahrheit!

Startet einen lustigen Skill, der eine Menge Verschwörungstheorien zur allgemeinen Belustigung von sich gibt.

Alexa, füge [Name des Artikels] zu meinem Einkaufswagen hinzu!

Alexa wird den entsprechenden Artikel dem Einkaufswagen auf Amazon hinzufügen.

Alexa, gehe zu Kapitel [Nr.]!

Alexa wird in dem Hörbuch, welches gerade wiedergegeben wird, zu dem entsprechenden Kapitel wechseln.

Alexa, hat [Sportverein] gewonnen?

Alexa wird das Ergebnis benennen.

Alexa, höre in [x] Minuten / Stunden auf, das Buch zu lesen!

Alexa wird die Wiedergabe eines ausgewählten Buches für den angegebenen Zeitraum fortsetzen und dann beenden.

Alexa, ignorieren!

Mit diesem Befehl ignoriert Alexa einen eingehenden Anruf.

Alexa, Lautstärke rauf / runter!

Stellt die Lautstärke eines Telefonats ein.

Alexa, lege auf!

Beendet ein Telefonat.

Alexa, lies [Titel] vor!

Alexa wird das Hörbuch mit dem besagten Titel von einem der Dienste laden und vorlesen. Sollte man dieses Hörbuch noch nicht besitzen, dann wird Alexa einen Auszug daraus vorlesen.

Alexa, mein Buch fortsetzen!

Alexa wird Buch, dessen Wiedergabe zuvor angehalten wurde, fortsetzen.

Alexa, [Name des Artikels] bestellen!

Bestellt den entsprechenden Artikel auf Amazon.

Alexa, nächstes Kapitel!

Alexa wird nun in dem Hörbuch, welches gerade wiedergegeben wird, zum nächsten Kapitel springen.

Alexa, Neustart!

Alexa wird nun in dem Hörbuch, welches gerade wiedergegeben wird, das aktuelle Kapitel erneut vorlesen.

Alexa, öffne Gala!

Startet den Gala-Skill mit einem Promi-Quiz sowie Klatsch und Tratsch.

Alexa, rufe [Name] an!

Alexa stellt eine Verbindung zu dem betreffenden Kontakt aus der Liste her.

Alexa, ruf Papa an!

Alexa stellt eine telefonische Verbindung zum Kontakt, der als Papa gespeichert ist, her.

Alexa, schalte meinen Ventilator ein!

Alexa stellt das als Ventilator erkannte bzw. markierte Gerät ein. Sollten sich mehrere Amazon Echo Dots in verschiedenen Räumen befinden, wird nur der Ventilator im Raum des Sprechers eingeschaltet.

Alexa, sende eine Nachricht an Mama!

Alexa schaltet sich ein, sodass eine Nachricht diktiert werden kann. Die diktierte Nachricht wird im Anschluss an den Kontakt, der unter „Mama" gespeichert ist, gesendet.

Alexa, sende eine Nachricht an [Name]!

Alexa spricht eine Aufforderung aus, eine Nachricht aufzusprechen. Danach sendet sie die Nachricht an den entsprechenden Kontakt.

Alexa, Skill [Name] aktivieren!

Fügt Alexa den entsprechenden neuen Skill hinzu.

Alexa, spiele das Buch ab, [Titel]!

Alexa wird das Buch mit dem besagten Titel laden und vorlesen. Sollte das Buch noch nicht von dem Nutzer gekauft worden sein, wird Alexa einen Auszug aus dem Buch vorlesen.

Alexa, spiele das Hörbuch ab, [Titel]!

Alexa wird das Buch mit dem besagten Titel laden und vorlesen. Sollte das Buch noch nicht von dem Nutzer gekauft worden sein, wird Alexa einen Auszug aus dem Buch vorlesen.

Alexa, spiele Jazz von TunIn!

Alexa wird nun TunIn ansteuern und entsprechend das Musikprogramm starten.

Alexa, spiele Katy Perry!

Alexa wird nun auf verschiedenen Plattformen nach den Songs von Katy Perry suchen und spielen. Darunter befinden sich Prime Music, Amazon Music, Alexa Music, Spotify und TunIn.

Alexa, spiele meine Nachricht ab!

Alexa spielt nun die eingehende Nachricht ab.

Alexa, spiele Pop aus den 80ern!

Alexa wird nun auf verschiedenen Musikplattformen, wie Prime Music, Amazon Music, Alexa Music, Spotify und TunIn, nach Musik suchen, die als Musik der 80er markiert ist. Diese Musik wird dann gespielt.

Alexa, spiele [Titel] über Audible!

Alexa wird das Buch mit dem besagten Titel über Audible laden und vorlesen. Sollte das Buch noch nicht von dem Nutzer gekauft worden sein, wird Alexa einen Auszug aus dem Buch vorlesen.

Alexa, starte Chuck-Norris-Fanwitze!

Startet einen Skill mit fetzigen Sprüchen, die einen immer wieder zum Schmunzeln bringen.

Alexa, starte Donnerwetter!

Startet den Donnerwetter-Skill mit Naturgeräuschen.

Alexa, starte Gehirnjogging!

Startet den Gehirnjogging-Skill, der den Verstand des Nutzers trainiert. Ihm werden dazu zufällig generierte Aufgaben gestellt, die er mittels seines Verstandes bewältigen muss.

Alexa, starte grüner Daumen!

Startet den Grüner-Daumen-Skill für Ratschläge rund um alle Zimmerpflanzen.

Alexa, starte Weiser Helge und erleuchte mich!

Startet den Weiser Helge-Skill mit 456 Weisheiten für alle Lebenslagen.

Alexa, starte Zähne putzen!

Dieser Skill soll vor allem Kindern helfen, das Zähneputzen zu erlernen. Dazu spielt Alexa einen zufällig ausgewählten Song.

Alexa, stelle einen Einschlaf-Timer für [x] Minuten / Stunden!

Alexa wird eine ausgewählte Wiedergabe für den angegebenen Zeitraum fortsetzen und dann beenden.

Alexa, storniere meine Bestellung!

Alexa storniert die letzte Bestellung. Nur möglich direkt nach Abgabe der Bestellung.

Alexa, trennen!

Trennt die bestehende Verbindung zwischen Alexa und einem Mobilgerät.

Alexa, wann sind [Ferien]?

Alexa wird den Zeitraum der Ferien nach dem Kalender benennen.

Alexa, wann passierte [historisches Ereignis]?

Alexa wird den Zeitpunkt oder den Zeitraum des Ereignisses benennen.

Alexa, was ist 2 plus 2?

Alexa wird das Ergebnis benennen.

Alexa, was ist die IMDb-Bewertung für [Titel]?

Alexa wird die Bewertung des Filmes vorlesen.

Alexa, was sind die Nachrichten?

Aktiviert den Bild-Skill, der einen kurzen Überblick über die Nachrichten bringt. Er beinhaltet sowohl Politik als auch Promis und Sport. Dieser Befehl öffnet auch den Tagesschau-Skill, welcher einen Überblick über die neuesten Nachrichten in 100 Sekunden gibt.

Alexa, was war das Spielergebnis vom Spiel der Mannschaft von [Sportverein]?

Alexa wird das Ergebnis benennen.

Alexa, welche Stunden habe ich heute Morgen?

Aktiviert den Stundenplan-Skill und gibt Auskunft über die entsprechenden Unterrichtsfächer.

Alexa, wer ist [Name]?

Alexa wird im Internet nach diesem Namen suchen und dann erklären, um wen es sich dabei handelt.

Alexa, wer ist in der Band [Bandname]?

Alexa wird die Namen der Bandmitglieder benennen.

Alexa, wer ist [Position]?

Alexa wird im Internet nach diesem Amt oder dieser Position suchen und dann die Person benennen, die dieses Amt oder diese Position innehat.

Alexa, wer singt den Song [Songtitel]?

Alexa wird den Namen des Singers bzw. der Band, die den benannten Song singt bzw. spielt, wiedergeben.

Alexa, wer spielt [Charakter] in [Titel]?

Alexa wird den Namen des Schauspielers benennen.

Alexa, wer spielt in [Titel] die Hauptrolle?

Alexa wird den Namen des Schauspielers benennen.

Alexa, wie buchstabiert man [Wort]?

Alexa wird das benannte Wort buchstabieren.

Alexa, wie hoch liegt [Ort]?

Alexa wird den richtigen Wert benennen.

Alexa, wie lautet die Definition von [Wort]?

Alexa wird die entsprechende Definition vorlesen.

Alexa, wie viele [Einheiten] sind in [Einheit]?

Alexa wird den richtigen Wert benennen.

Alexa, wie viele Kalorien sind in [Essen]?

Alexa wird den Wert benennen.

Alexa, wie weit liegen [Ort] und [Ort] voneinander entfernt?

Alexa wird den richtigen Wert benennen.

Alexa, wie spät ist es in [Stadt]?

Alexa wird die entsprechende Uhrzeit ansagen.

Alexa, verbinden!

Stellt eine Verbindung zu dem Bluetooth-Gerät her, das als Letztes mit dem Amazon Echo Dot verbunden war.

Alexa, vorheriges Kapitel!

Alexa wird nun in dem Hörbuch, welches gerade vorgelesen wird, zum vorherigen Kapitel wechseln.

Alexa, vorspulen!

Alexa wird das Hörbuch, welches gerade wiedergegeben wird, 30 Sekunden vorspulen.

Alexa, zurückspulen!

Alexa wird das Hörbuch, welches gerade wiedergegeben wird, 30 Sekunden zurückspulen.